Impressum
Verlag: BABADADA GmbH, Nedderfeld 112 , 22529 Hamburg
Geschäftsführer / Verlagsleitung: Harald Hof
Druck: Books on Demand GmbH, In de Tarpen 42, 22848 Norderstedt

Imprint
Publisher: BABADADA GmbH, Nedderfeld 112 , 22529 Hamburg, Germany
Managing Director / Publishing direction: Harald Hof
Print: Books on Demand GmbH, In de Tarpen 42, 22848 Norderstedt

# σχολείο
# sekolo

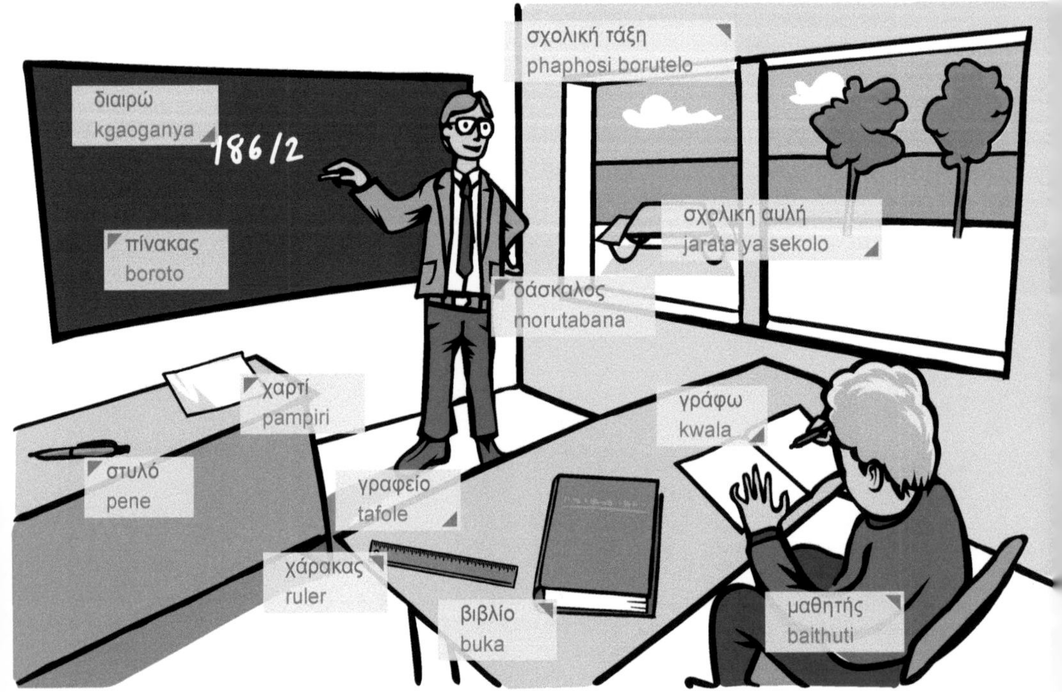

σχολική τάξη
phaphosi borutelo
διαιρώ
kgaoganya
186/2
πίνακας
boroto
σχολική αυλή
jarata ya sekolo
δάσκαλος
morutabana
χαρτί
pampiri
γράφω
kwala
στυλό
pene
γραφείο
tafole
χάρακας
ruler
βιβλίο
buka
μαθητής
baithuti


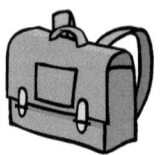

σχολική τσάντα

kgetsana ya dibuka

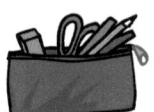

κασετίνα/ μολυβοθήκη

setsenya dipensele

μολύβι

pensele

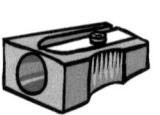

ξύστρα

seseta pensele

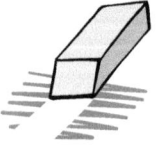

γόμα

sephimola

μπλοκ ζωγραφικής

boto ya go torowa

ζωγραφική

torowa

πινέλο

boratšhe jwa pente

κουτί χρωμάτων

bokose ya pente

ψαλίδι

dikere

κόλλα

sekgomaretsi

τετράδιο ασκήσεων

buka ya go kwalela

εργασία για το σπίτι

tirogae

**12**

αριθμός

palo

**2+2**

προσθέτω

tlhakanya

**5-2**

αφαιρώ

kgaoganya

**2×2**

πολλαπλασιάζω

atisa

υπολογίζω

khalkhuleitara

**A**

γράμμα

lekwalo

ABCDEFG
HIJKLMN
OPQRSTU
VWXYZ

αλφάβητο

alfabete

**hello**

λέξη

lefoko

κείμενο

mafoko

διαβάζω

bala

κιμωλία

choko

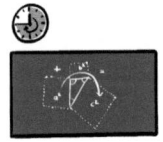

μάθημα

thuto

εγγράφομαι

rejistara

τεστ

tlhatlhobo

πιστοποιητικό

setifikeiti

μαθητική στολή

diaparo tsa sekolo

εκπαίδευση

thuto

εγκυκλοπαίδεια

encyclopedia

πανεπιστήμιο

unibesithi

μικροσκόπιο

mikoroskoupo

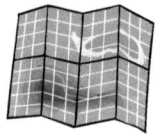

χάρτης

mmepe

καλάθι αχρήστων

moteme wa dipampiri

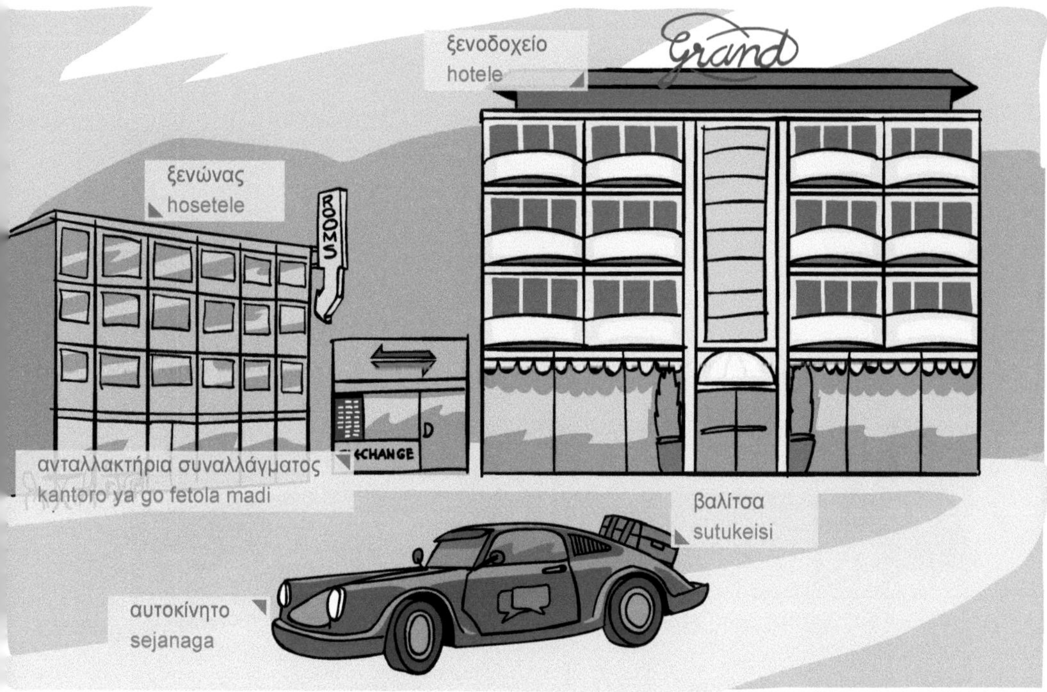

ξενοδοχείο
hotele
Grand
ξενώνας
hosetele
ROOMS
EXCHANGE
ανταλλακτήρια συναλλάγματος
kantoro ya go fetola madi
βαλίτσα
sutukeisi
αυτοκίνητο
sejanaga

γλώσσα

puo

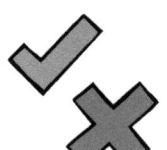

ναι / όχι

ee / nnyaa

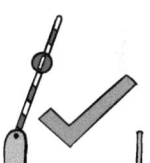

εντάξει

Go siame

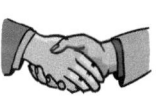

γεια σου

dumela

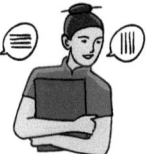

μεταφραστής

moranodi

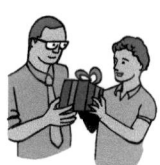

Ευχαριστώ

Ke a leboga

πόσο κάνει ;

ke bokae…?

Δε καταλαβαίνω

ga ke tlhaloganye

πρόβλημα

bothata

Καλησπέρα!

O itumelele bosigo!

Καλημέρα!

Dumela!

Καληνύχτα!

Robala Sentle!

Αντίο

tsamaya sentle

κατεύθυνση

tsela

αποσκευές

dithoto

τσάντα

kgetsi

σακίδιο πλάτης

kgetsi

καλεσμένος

moeng

δωμάτιο

phaposi

υπνόσακος

kgetsana ya go robalela

σκηνή

mogope

τουριστικές πληροφορίες

tshedimosetso ya mojanala

παραλία

lewatle

πιστωτική κάρτα

karata ya go tsaya sekoloto

πρωινό

sefitlholo

μεσημεριανό

dijo tsa motshegare

δείπνο

dijo tsa maitsiboa

εισιτήριο

tekete

ανελκυστήρας

lifiti

γραμματόσημο

setempe

σύνορα

bodara

τελωνείο

dingwao

πρεσβεία

embassy

βίζα

visa

διαβατήριο

lokwalo itshupo

# μεταφορά
# sepalangwa

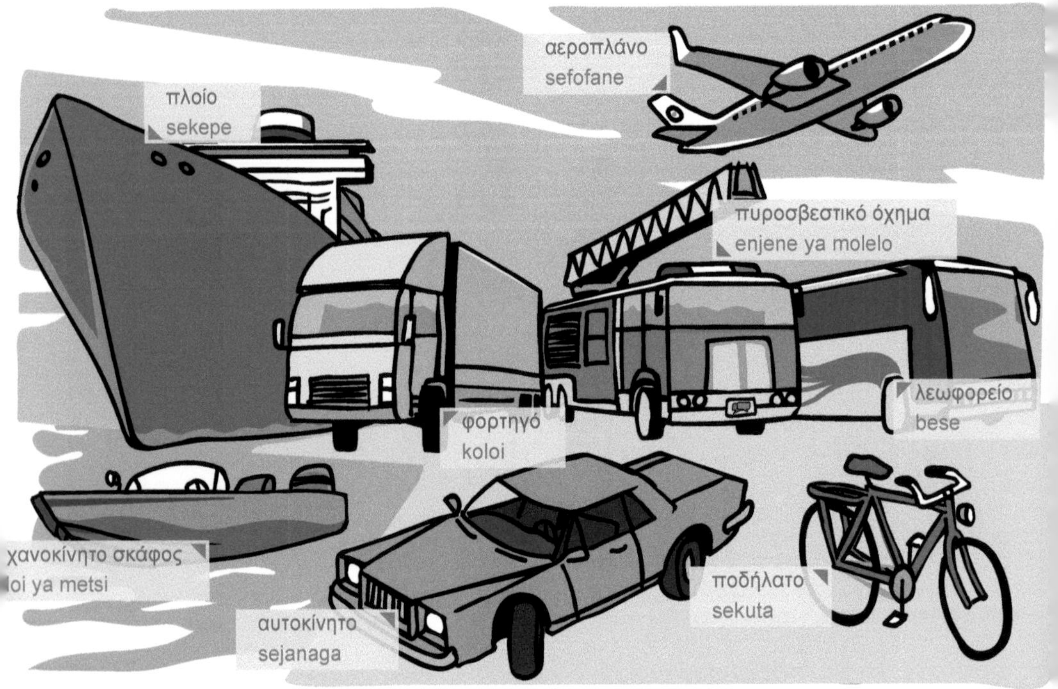

αεροπλάνο
sefofane
πλοίο
sekepe
πυροσβεστικό όχημα
enjene ya molelo
λεωφορείο
bese
φορτηγό
koloi
χανοκίνητο σκάφος
loi ya metsi
ποδήλατο
sekuta
αυτοκίνητο
sejanaga


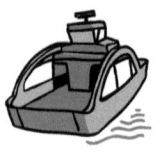

φεριμπότ

feri

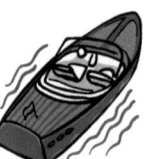

βάρκα

sekepe

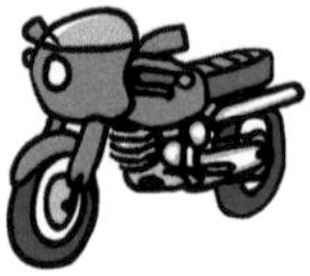

μοτοσικλέτα

sethuthuthu

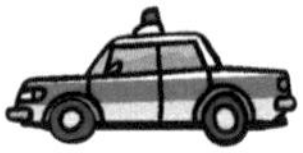

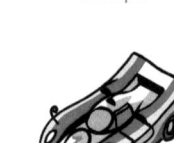

περιπολικό

sejanaga sa mapodisa

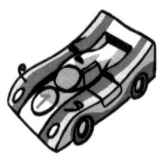

αγωνιστικό αυτοκίνητο

sejanaga sa lobelo

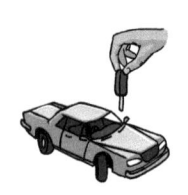

ενοικιαζόμενο αυτοκίνητο

sejanaga se se hirilweng

διαμοιρασμός αυτοκινήτων

aroganya sejanaga

γερανός

koloi e e gogang dikoloi tse di robegileng

απορριμματοφόρο

koloi e e tsayang matlakala

κινητήρας

koloi

καύσιμο

lookwane

βενζινάδικο

seteišhene sa lookwane

πινακίδα σήμανσης

letshwao la pharakano

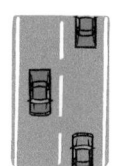

κυκλοφορία

pharakano

κυκλοφοριακή συμφόρηση

pharakano

χώρος στάθμευσης

lefelo la go emisa koloi

σιδηροδρομικός σταθμός

seteišhene sa terena

σιδηροδρομικές γραμμές

mela

τρένο

terena

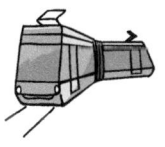

τραμ

tereme

βαγόνι

kolotsana

ελικόπτερο

sefofane

αεροδρόμιο

boemeladifofane

πύργος

tora

επιβάτης

mopalami

εμπορευματοκιβώτιο

sekhafothini

χαρτοκιβώτιο

bokoso

καρότσι

karaki

καλάθι

basekete

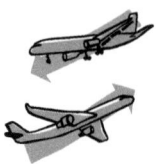

απογειώνομαι /
προσγειόνομαι

go tsamaya / go fitlha

## πόλη
## toropo

χωριό

motse

κέντρο της πόλης

legare la teropo

σπίτι

ntlo

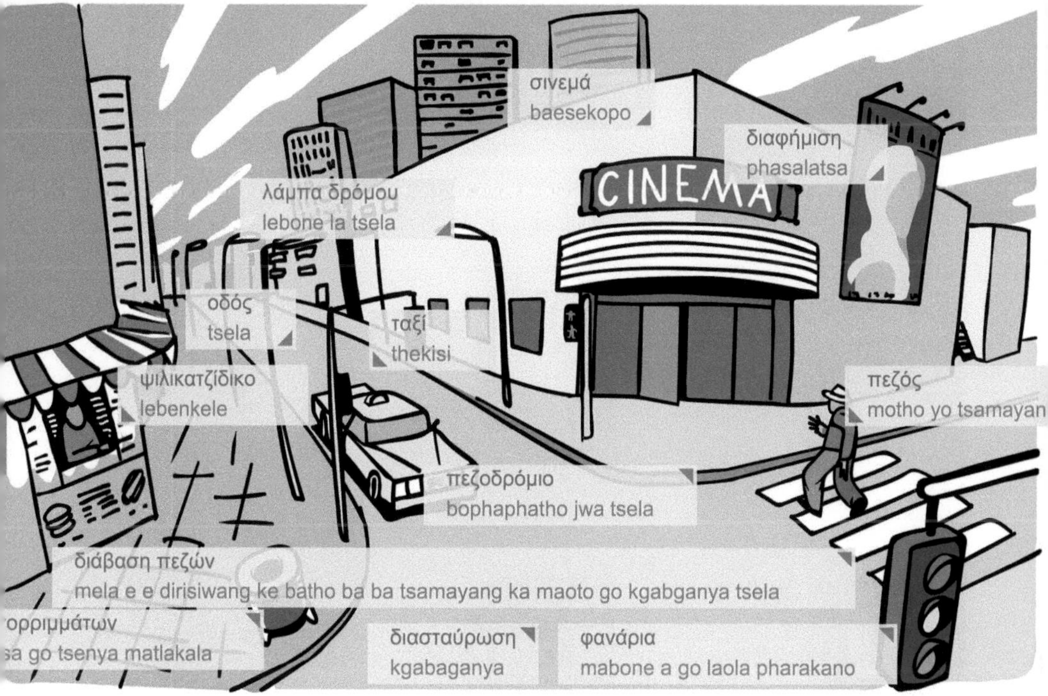

σινεμά
baesekopo

διαφήμιση
phasalatsa

λάμπα δρόμου
lebone la tsela

CINEMA

οδός
tsela

ταξί
thekisi

ψιλικατζίδικο
lebenkele

πεζός
motho yo tsamayan

πεζοδρόμιο
bophaphatho jwa tsela

διάβαση πεζών
mela e e dirisiwang ke batho ba ba tsamayang ka maoto go kgabganya tsela

…ορριμμάτων
…a go tsenya matlakala

διασταύρωση
kgabaganya

φανάρια
mabone a go laola pharakano

καλύβα

ntlo e e ruletseng ka bojang

διαμέρισμα

sephara

σιδηροδρομικός σταθμός

seteišhene sa terena

δημαρχείο

ntlolehalahala la toropo

μουσείο

museamo

σχολείο

sekolo

πανεπιστήμιο

unibesithi

τράπεζα

banka

νοσοκομείο

sepetlele

ξενοδοχείο

hotele

φαρμακείο

lefelo la melemo

γραφείο

kantoro

βιβλιοπωλείο

lebenkele la dibuka

κατάστημα

lebenkele

ανθοπωλείο

batho ba ba rekisang malomo

σούπερ μάρκετ

lebenkele

αγορά

maraka

πολυκατάστημα

lebenkele la diaparo

ιχθυοπωλείο

fishmongers

εμπορικό κέντρο

moago wa mabenkele a a mantsi

λιμάνι

boema dikepe

πάρκο

serapa

παγκάκι

banka

γέφυρα

borogo

σκάλες

ditepisi

μετρό

kwa tlase ga lefatshe

τούνελ

kgogometso

στάση λεωφορείου

boemela bese

μπαρ

bara

εστιατόριο

lefelo la go jela

γραμματοκιβώτιο

lebokose la pose

πινακίδα δρόμου

letshwao la tsela

παρκόμετρο

mitara wa go emisa koloi

ζωολογικός κήπος

lefelo la go bonela
diphologolo

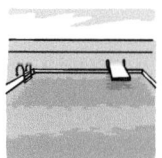

πισίνα

letlodi la go thuma

τζαμί

tempele ya mamoselema

αγρόκτημα

polase

ρύπανση

kgotlelelo

νεκροταφείο

mabitla

εκκλησία

kereke

παιδική χαρά

lefelo la go tshamekela

ναός

temple

## τοπίο
## boago jwa lefelo

φύλλο
setlhatsana

πινακίδα κατεύθυνσης
matshwao

δρόμος
tsela

λιβάδι
ditlhaga

πέτρα
letlapa

δέντρο
setlhare

πεζοπόρος
motho yo o tsamayang mo thabeng

ποτάμι
noka

χορτάρι
bojang

λουλούδι
lelomo

κοιλάδα
mokgatša

λόφος
thatshana

λίμνη
lekadiba

δάσος
sekgwa

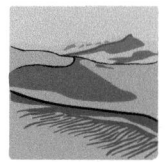

έρημος
sekaka

ηφαίστειο
lekgwamolelo

κάστρο
khasele

ουράνιο τόξο
motshe wa badimo

μανιτάρι
leboa

φοίνικας
mokolana

κουνούπι
montsane

μύγα
tshenekegi

μυρμήγκι
tshoswane

μέλισσα
notshi

αράχνη
segokgo

σκαθάρι

khukhwana

βάτραχος

segwagwa

σκίουρος

mosha

σκαντζόχοιρος

noko

λαγός

mmutla

κουκουβάγια

morubisi

πουλί

nonyane

κύκνος

pidipidi

αγριογούρουνο

dikolobe tsa naga

ελάφι

kgokong

άλκη

moose

φράγμα

letamo

ανεμογεννήτρια

sefetlhaphefo

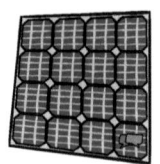

ηλιακός συλλέκτης

motlakase o o dirilweng ka
letsatsi

κλίμα

loapi

# εστιατόριο
# lefelo la go jela

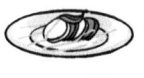

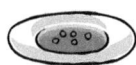

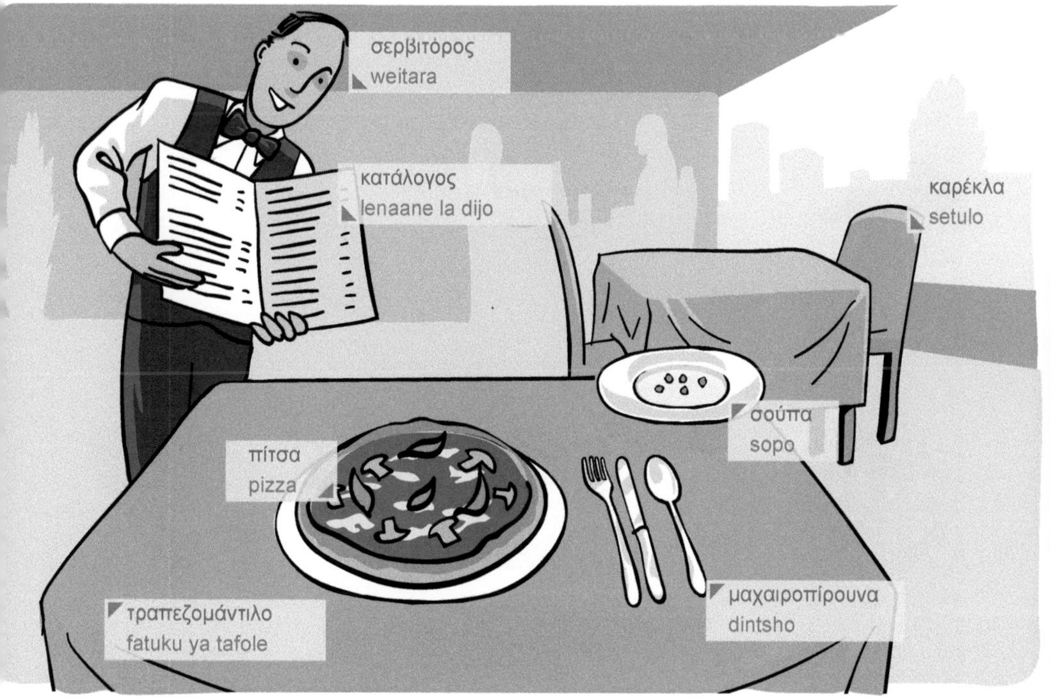
σερβιτόρος
weitara
κατάλογος
lenaane la dijo
καρέκλα
setulo
σούπα
sopo
πίτσα
pizza
τραπεζομάντιλο
fatuku ya tafole
μαχαιροπίρουνα
dintsho

ορεκτικό

sejo sa ntlha

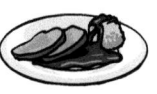

κύριο πιάτο

sejo sa bobedi

επιδόρπιο

dijo tse di naleng sukiri

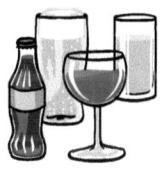

ποτά

dino

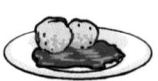

φαγητό

dijo

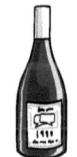

μπουκάλι

botlolo

φαστ φουντ

dijo tsa mo strateng

φαγητό στ' όρθιο

dijo tsa seterata

τσαγιέρα

ketlele ya tee

δοχείο ζάχαρης

sejana sa go tsenya sukiri

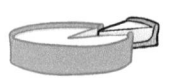

μερίδα

karolo

μηχανή εσπρέσο

motšhini wa espresso

ψηλή καρέκλα

setulo se se kwa godimo

λογαριασμός

tshupamolato

δίσκος

terei

μαχαίρι

thipa

πιρούνι

forotlho

κουτάλι

liso

κουταλάκι του τσαγιού

leswana

πετσέτα φαγητού

lesela la go iphimola

ποτήρι

galase

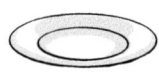

πιάτο

poleiti

πιάτο σούπας

poleiti ya sopo

πιατάκι φλιτζανιού

sosara

σάλτσα

sopo

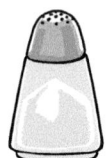

αλατιέρα

sejana sa letswai

μύλος για πιπέρι

sesila pepere

ξύδι

aseini

λάδι

oli

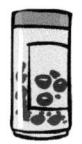

μπαχαρικά

ditswaiso

κέτσαπ

tamati souso

μουστάρδα

masetete

μαγιονέζα

mayonaese

# σούπερ μάρκετ
# lebenkele

προσφορά
sesolo se se kgethegileng
πελάτης
moreki
FOR
γαλακτοκομικά προϊόντα
dilwana tsa mašwi
φρούτα
leungo
καρότσι για ψώνια
teroli


BUTCHERS


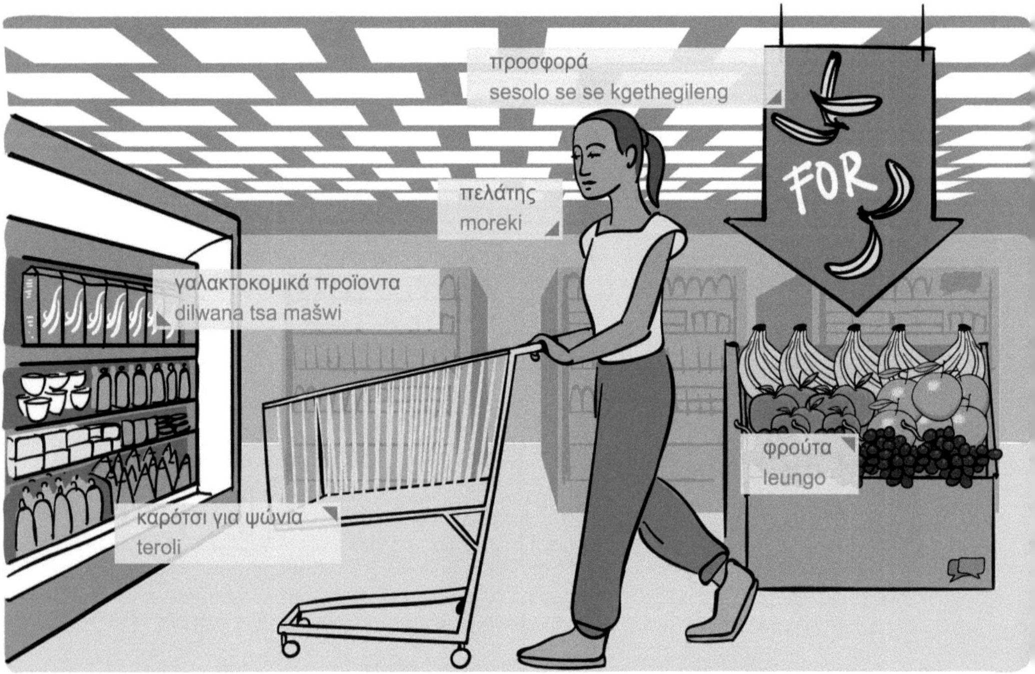

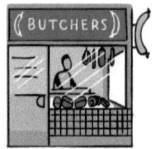

κρεοπωλείο

batho ba ba segang nama

BAKERY


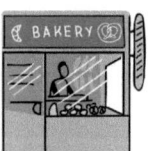

φούρνος

babaki

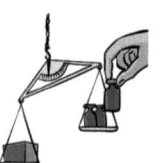

ζυγίζω

boima

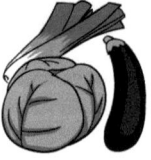

λαχανικά

merogo

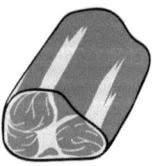

κρέας

nama

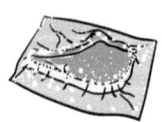

κατεψυγμένα τρόφιμα

dijo tse di aesitsweng

αλλαντικά

nama e e sa tlhokeng go apewa

κονσερβοποιημένη τροφή

dijo tsa thini

απορρυπαντικό ρούχων

molora o o tlhatswang

γλυκά

dimonamone

οικιακά είδη

dilwana tsa ntlo

καθαριστικά προϊόντα

dilwana tsa go phepafatsa

πωλήτρια

morekisi

ταμείο

motšhini wa madi

ταμίας

morekisi

λίστα για ψώνια

lennane la go reka

ωράριο λειτουργίας

diura tsa go bula

πορτοφόλι

sepatšhe

πιστωτική κάρτα

karata ya go tsaya sekoloto

τσάντα

kgetsi

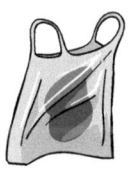

πλαστική σακούλα

kgetsi ya polasetiki

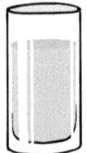

νερό

metsi

χυμός

jusi

γάλα

mašwi

κόκα κόλα

khouku

κρασί

beine

μπίρα

biri

αλκοόλ

bojalwa

κακάο

khoukhou

τσάι

tee

καφές

kofi

εσπρέσο

esepereso

καπουτσίνο

cappuccino

μπανάνα

panana

μήλο

apole

πορτοκάλι

namune

πεπόνι

legapu

λεμόνι

surunamune

καρότο

segwete

σκόρδο

konofole

μπαμπού

lotlhaka lwa bampuse

κρεμμύδι

eie

μανιτάρι

mabowa

ξηροί καρποί

manoko

νουντλς

di-noodles

μακαρόνια

sepagethi

ρύζι

raese

σαλάτα

salate

πατατάκια

ditšhipisi

τηγανητές πατάτες

ditapole tse di gadikilweng

πίτσα

pizza

χάμπουργκερ

hamburger

σάντουιτς

borotho jo bo tlapisitsweng

κοτολέτα

nama e e gadikilweng

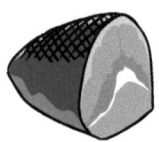

ζαμπόν

nama ya kolobe

σαλάμι

salami

λουκάνικο

boroso

κοτόπουλο

koko

ψητό

gadika

ψάρι

tlhapi

χυλός βρώμης

bogobe jwa outse

μούσλι

muesli

κορν φλέικς

cornflakes

αλεύρι

bupi

κρουασάν

croissante

ψωμάκι

banse

ψωμί

borotho

τοστ

borotho jo bo besitsweng

μπισκότα

bisikiti

βούτυρο

botoro

τυρόπηγμα

tšhisi

κέικ

kuku

αυγό

lee

τηγανητό αυγό

lee le le gadikilweng

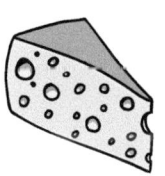

τυρί

kase

παγωτό

aesekirimi

ζάχαρη

sukiri

μέλι

mamepe a dinotshe

μαρμελάδα

jeme

άλλειμμα σοκολάτας

chokolete e e tshasiwang

κάρυ

khari

# αγρόκτημα
# polase

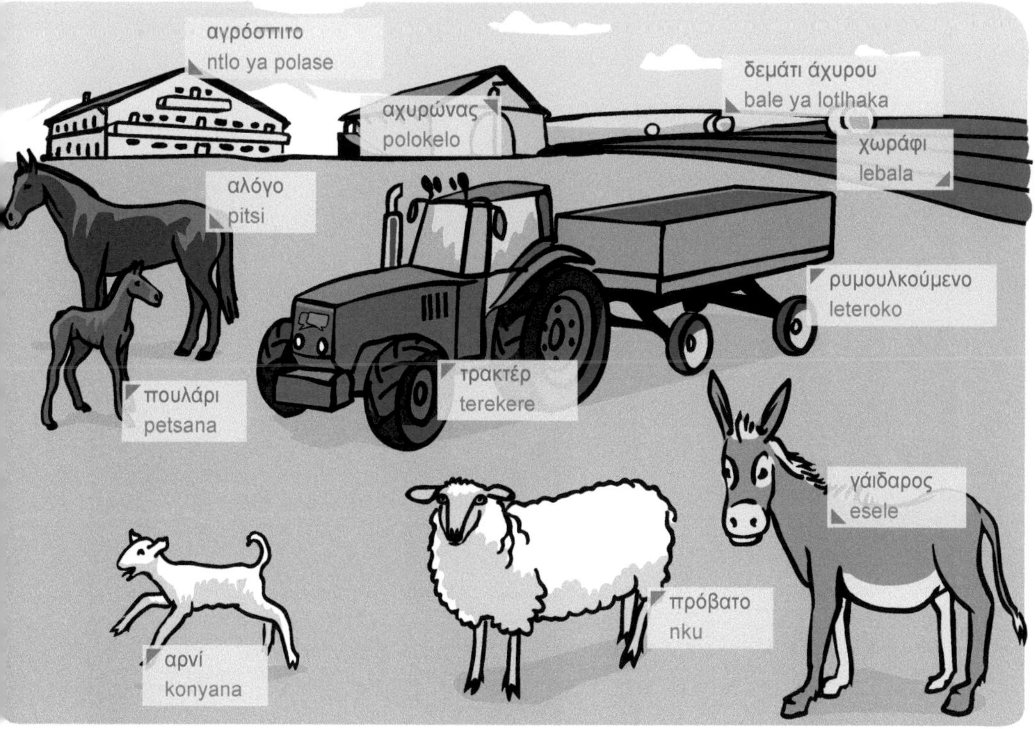
αγρόσπιτο
ntlo ya polase
αχυρώνας
polokelo
δεμάτι άχυρου
bale ya lotlhaka
χωράφι
lebala
αλόγο
pitsi
ρυμουλκούμενο
leteroko
πουλάρι
petsana
τρακτέρ
terekere
γάιδαρος
esele
πρόβατο
nku
αρνί
konyana

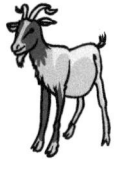

κατσίκα
pudi

αγελάδα
kgomo

μοσχαράκι
namane

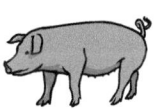

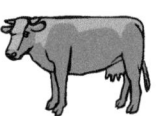

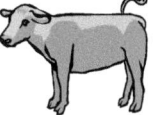

γουρούνι
kolobe

γουρουνάκι
kolojane

ταύρος
poo

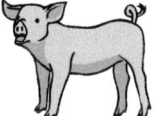

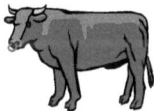

χήνα

ganse

πάπια

pidipidi

κοτοπουλάκι

kokwanyana

κότα

mokoko

κόκορας

mokoko

αρουραίος

peba

γάτα

katse

ποντίκι

peba

βόδι

kgomo

σκύλος

ntša

σπιτάκι σκύλου

ntlo ya ntša

λάστιχο κήπου

lethompo la tshingwana

ποτιστήρι

tanka ya go nosetsa

θεριστήρι

disekele tsa tshipi

αλέτρι

lema

δρεπάνι

disekele

τσάπα

setlhagola

δίκρανο

foroko ya go peta

τσεκούρι

selepe

χειράμαξα

kiribae

ταΐστρα

bonwelo

δοχείο γάλακτος

mašwi a a moteng ga
moteme

σάκος

kgetsana

φράχτης

legora

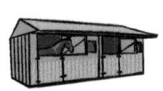

στάβλος

tsepame

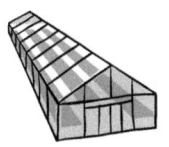

θερμοκήπιο

lefelo la go godisa dijalo

έδαφος

mmu

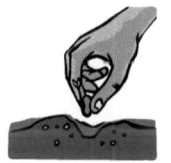

σπόρος

peo

λίπασμα

menyoro

θεριζοαλωνιστική μηχανή

thobo e e kopaneng

αγρόκτημα - polase

θερίζω
thobo

συγκομιδή
thobo

γιαμς
di-yam

σιτάρι
korong

σόγια
soya

πατάτα
tapole

καλαμπόκι
korong

κράμβη
disonobolomo

οπωροφόρο δέντρο
setlhare sa maungo

μανιόκα
cassava

δημητριακά
dijo tsa phakela

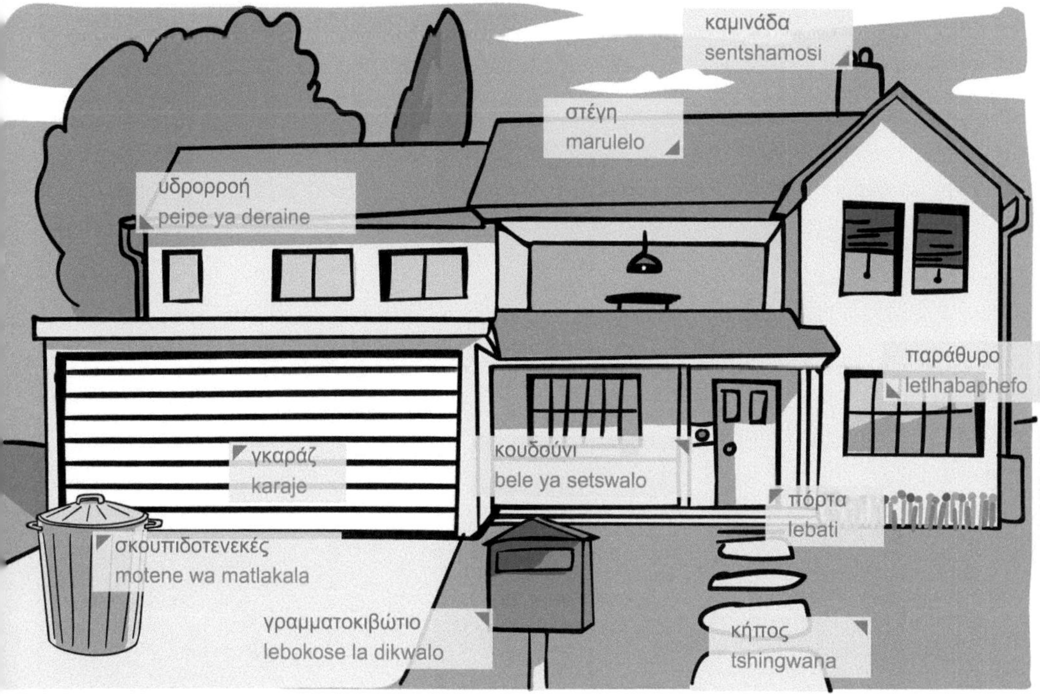

καμινάδα
sentshamosi

στέγη
marulelo

υδρορροή
peipe ya deraine

παράθυρο
letlhabaphefo

γκαράζ
karaje

κουδούνι
bele ya setswalo

πόρτα
lebati

σκουπιδοτενεκές
motene wa matlakala

γραμματοκιβώτιο
lebokose la dikwalo

κήπος
tshingwana

σαλόνι

phaposi ya bodulo

μπάνιο

phaposi ya go tlhapela

κουζίνα

boapeelo

υπνοδωμάτιο

phaposi ya borobalo

παιδικό δωμάτιο

phaposi ya bana

τραπεζαρία

phaposi ya bojelo

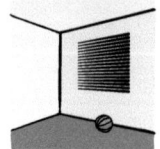

πάτωμα

mo fatshe

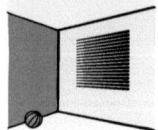

τοίχος

lebota

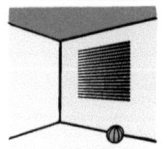

οροφή

siling

κελάρι

mabolokelo

σάουνα

se futhumatsa mmele

μπαλκόνι

mokatako

βεράντα

mokgekolosa

πισίνα

makadiba

μηχανή του γκαζόν

sedirisiwa sa go sega
bojang

σεντόνι

lakane

κάλυμμα κρεβατιού

kobo

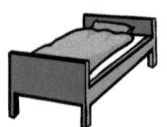

κρεβάτι

bolao

σκούπα

lefielo

κουβάς

kgamelo

διακόπτης

switch

# σαλόνι

## phaposi ya bodulo

ταπετσαρία
pampiri e e kgabisng lebota
φωτογραφία
setshwantsho
λάμπα
lobone
ράφι
raka
ντουλάπι
raka
τηλεόραση
thelebishene
τζάκι
iso
λουλούδι
lelomo
μαξιλάρι
mosamo
καναπές
soufa
βάζο
setsenya malomo
τηλεκοντρόλ
selaola thelebishene o le kgakala le yone

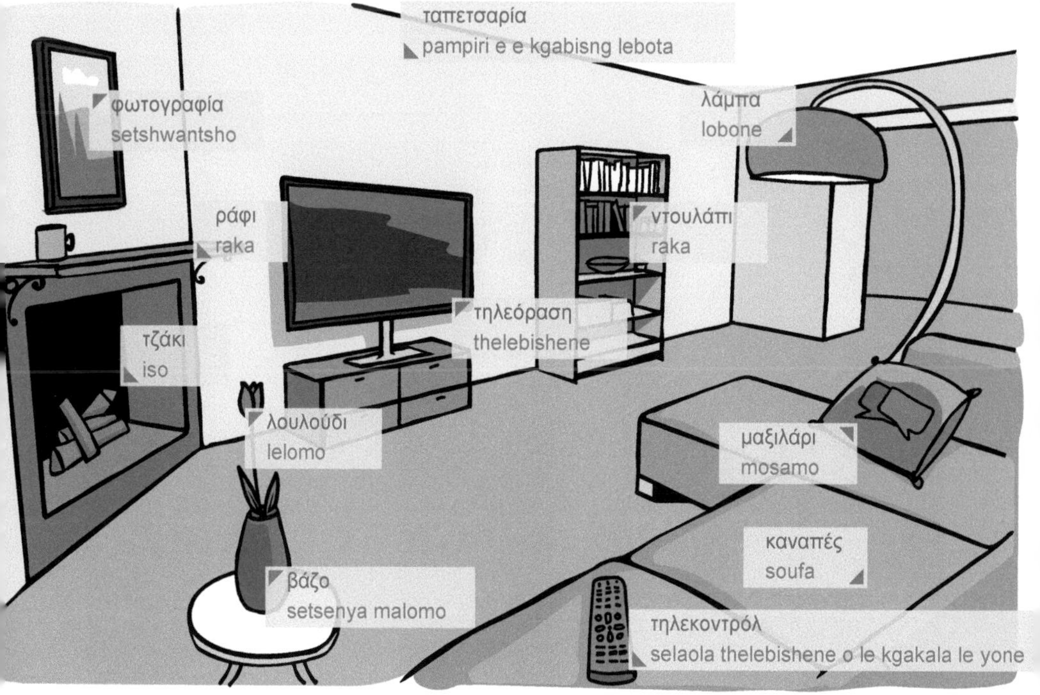

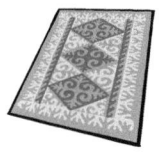

χαλί

mmetshe

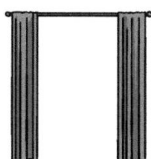

κουρτίνα

garetene

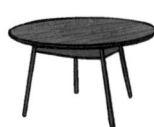

τραπέζι

tafole

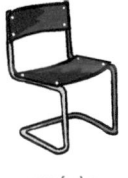

καρέκλα

setulo

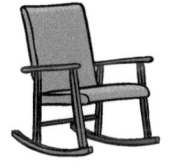

κουνιστή πολυθρόνα

setulo se se binang

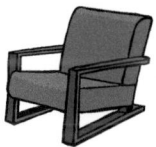

πολυθρόνα

setulo se se naleng boikego

βιβλίο

buka

κουβέρτα

kobo

διακόσμηση

mokgabiso

καυσόξυλα

dikgong tsa molelo

ταινία

filimi

στερεοφωνικό σύστημα

hi-fi ya go letsa

κλειδί

selotlolo

εφημερίδα

lokwalodikgang

πίνακας ζωγραφικής

setshwantsho se se
dirilweng ka pente

αφίσα

pampiri ya go phasalatsa

ραδιόφωνο

seyalemowa

σημειωματάριο

buka ya dintla

ηλεκτρική σκούπα

huvara

κάκτος

motoroko

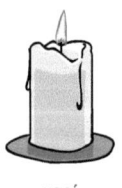

κερί

kerese

σαλόνι - phaposi ya bodulo

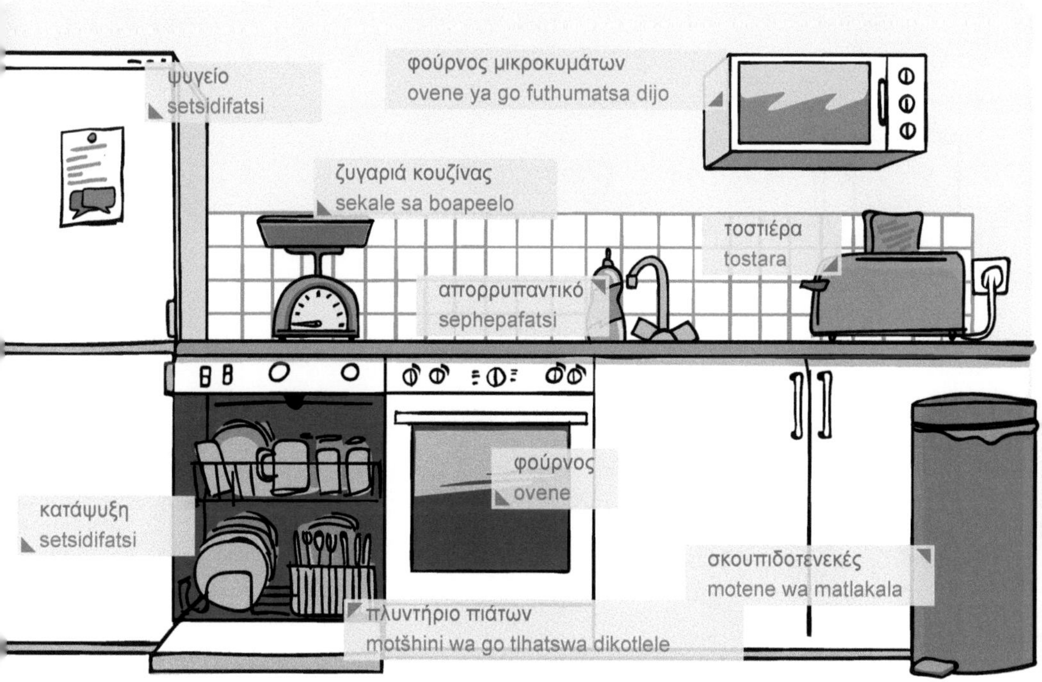

ψυγείο
setsidifatsi

φούρνος μικροκυμάτων
ovene ya go futhumatsa dijo

ζυγαριά κουζίνας
sekale sa boapeelo

τοστιέρα
tostara

απορρυπαντικό
sephepafatsi

φούρνος
ovene

κατάψυξη
setsidifatsi

σκουπιδοτενεκές
motene wa matlakala

πλυντήριο πιάτων
motšhini wa go tlhatswa dikotlele

κουζίνα

moapei

κατσαρόλα

pitsa

μαντεμένια κατσαρόλα

pitsa ya tshipi

γουόκ/καντάι

wok / kadai

τηγάνι

pane

βραστήρας

ketlele

ατμομάγειρας

sefuthumatsi

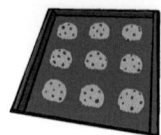

ταψί

terei ya go baka

πιατικά

dintsho

κούπα

kopi

μπολ

sejana

ξυλάκια

thobane ya go rema

κουτάλα

thoka

σπάτουλα

sepatšhula

ανακατεύω

wiskara

σουρωτήρι

setereinara

σουρωτηράκι

setlhotlhi

τρίφτης

greitara

γουδί

kika

ψησταριά

nama ya kgomo

ανοιχτή φωτιά

molelo o o mopepeneng

σανίδα κοπής

boroto ya go segela

πλάστης

rolara

ανοιχτήρι φελλών

sebula dibotlolo tsa beine

κονσέρβα

moteme

ανοιχτήρι κονσέρβας

sebula moteme

γάντι φούρνου

setshwari sa pitsa

νεροχύτης

sinki

βούρτσα

boratšhe

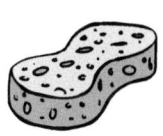

σφουγγάρι

sepontšhe

μπλέντερ

setlhakanya dijo / maungo

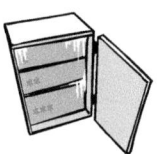

καταψύκτης

setsidifatsi

μπιμπερό

botlole ya ngwana

βρύση

tepe

# μπάνιο

# phaposi ya go tlhapela

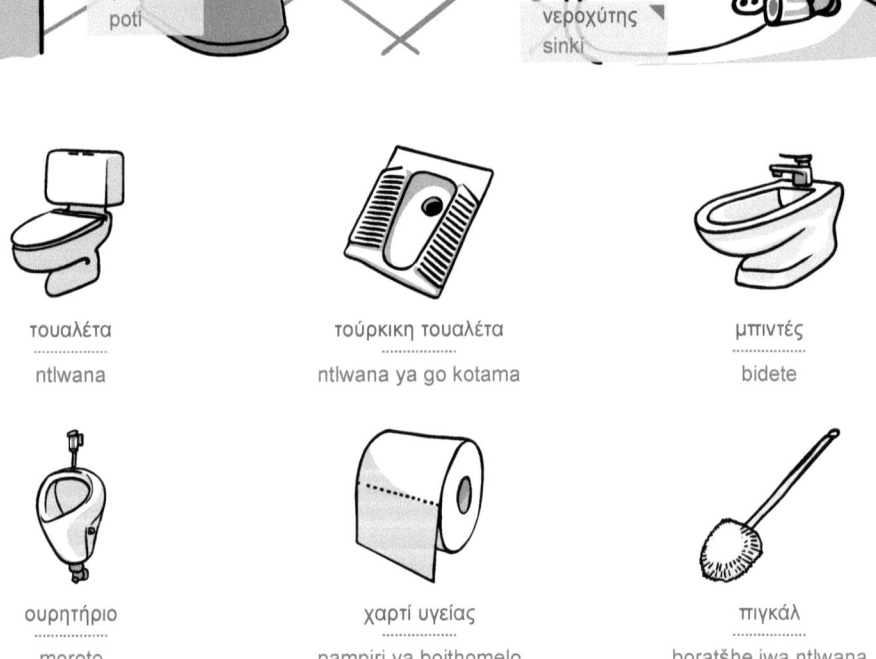

θέρμανση
thutafatsa
πετσέτα
toulo
ντους
shawara
κουρτίνα ντουζ
garetene ya shawara
αφρόλουτρο
setshelo sa go dira dibabole mo bateng
μπανιέρα
bata
πλυντήριο ρούχων
setlhatswa diaparo
ποτήρι
galase
βρύση
tepe
πλακάκια
dithaele
γιογιό
poti
νεροχύτης
sinki


τουαλέτα

ntlwana

τούρκικη τουαλέτα

ntlwana ya go kotama

μπιντές

bidete

ουρητήριο

moroto

χαρτί υγείας

pampiri ya boithomelo

πιγκάλ

boratšhe jwa ntlwana

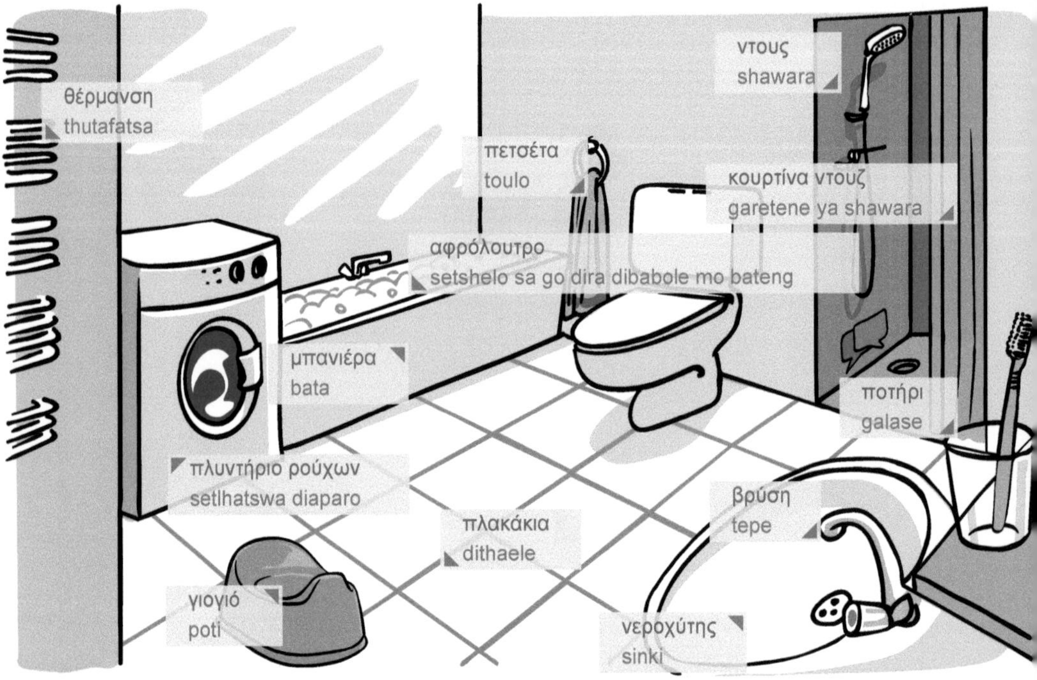

οδοντόβουρτσα

boratšhe jwa meno

οδοντόκρεμα

sesepa sa meno

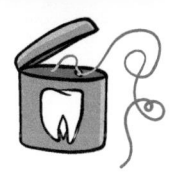

οδοντικό νήμα

tlhale ya go phepafatsa meno

πλένω

tlhatswa

τηλέφωνο ντους

shawara ya go itshwarela

ντουσιέρα

senkgisa monate

λεκάνη

beisini

βούρτσα πλάτης

boratšhe jwa mokwatla

σαπούνι

sesepa

αφρόλουτρο

jele ya shawara

σαμπουάν

setlhapisa moriri

φανέλα

folanele

σιφόνι

mosele

κρέμα

setlolo

αποσμητικό

senkgamonate

καθρέφτης

seipone

καθρέφτης χειρός

seipone sa go itshwarela

ξυραφάκι

legare

αφρός ξυρίσματος

foumu ya go ntsha moriri

αφτερσέιβ

foumu ya fa o fetsa go
ntsha moriri

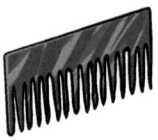

χτένα

kama

βούρτσα

boratšhe

σεσουάρ

seomisa moriri

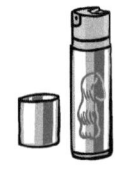

λακ

seporei sa moriri

μακιγιάζ

seitlole sa sefatlhego

κραγιόν

setlolo sa molomo

βερνίκι νυχιών

pente ya dinala

βαμβάκι

boboa

ψαλίδι νυχιών

sekere sa dinala

άρωμα

leokwane le le nkgang
monate

νεσεσέρ

kgetsana ya go tlhatswa

σκαμπό

setulo

ζυγαριά

sekale sa go lekanya

μπουρνούζι

seaparo sa botlhapelo

ελαστικά γάντια

ditlelafo tsa rekere

ταμπόν

tempone

πετσέτα υγιεινής

sedirisiwa sa basadi ba ba
mo kgweding

χημική τουαλέτα

ntlwana ya khemikhale

# παιδικό δωμάτιο
# phaposi ya bana

ξυπνητήρι
tshupanako ya alamo
λούτρινο ζωάκι
mpopi wa go tlamparela
αυτοκινητάκι
koloi e e tshamekang
κουδουνίστρα
setšhakgatšhakga
κουκλόσπιτο
ntlo ya dipompi
δώρο
poresente


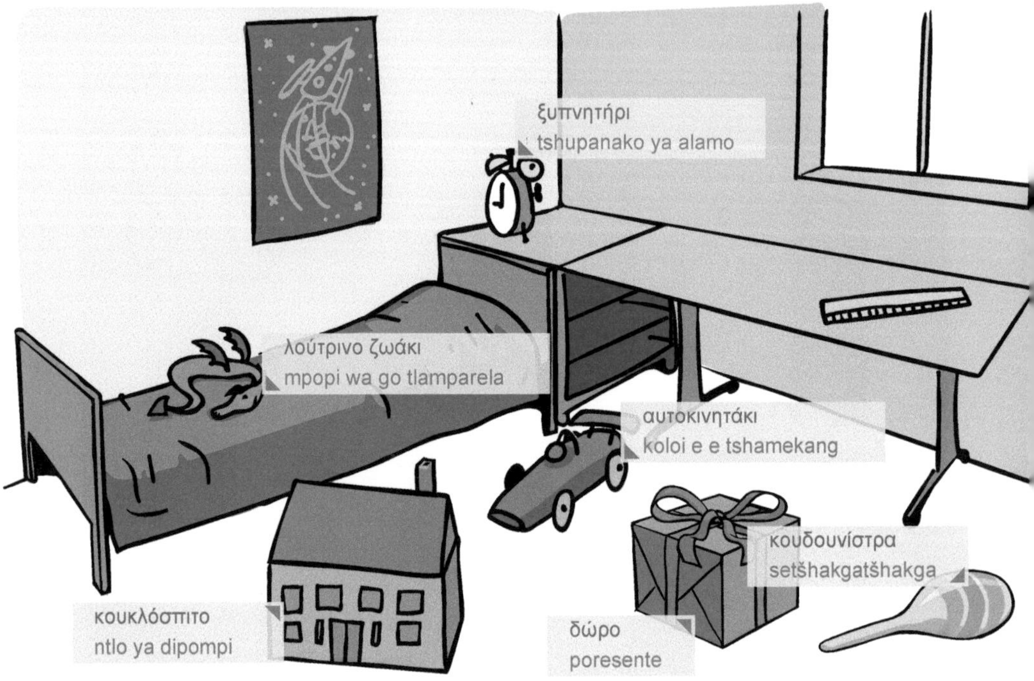

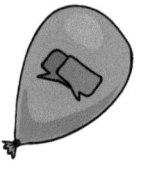

μπαλόνι

baluni

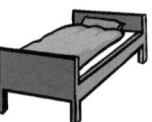

κρεβάτι

bolao

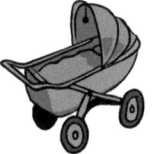

καροτσάκι

porema

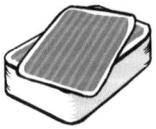

τράπουλα

deck of cards

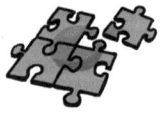

παζλ

saga ya motlakase

SUPER MEGA

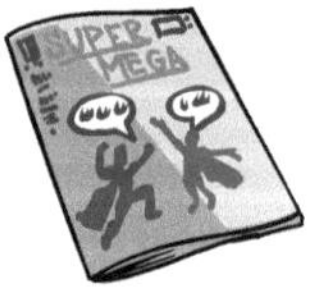

κόμικς

buka ya ditshegisi

τουβλάκια lego

matlapa a go tshameka

τουβλάκια κατασκευών

diboloko tse di tshamekang

φιγούρα δράσης

setshwantsho sa motho

βρεφικό φορμάκι

seaparo sa lesea

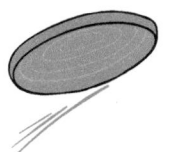

φρίσμπι

Frisbee

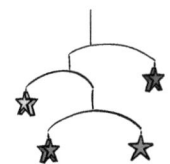

μόμπιλο

selo sa go letsa mmino mo
ditsebeng

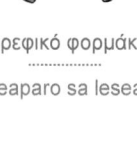

επιτραπέζιο παιχνίδι

motshameko wa boroto

ζάρια

daese

σετ τρενάκι

terena

πιπίλα

tami

πάρτι

moletlo

εικονογραφημένο βιβλίο

buka ya ditshwantsho

μπάλα

bolo

κούκλα

mpopi

παίζω

tshameka

σκάμμα με άμμο

lebala le le naleng santa

κούνια

moswinki

παιχνίδια

ditshamekisi tsa bana

κονσόλα βιντεοπαιχνιδιών

motshameko wa dibidio

τρίκυκλο

baesekele ya maotwana a a
mararo

αρκουδάκι

bera e e diretsweng go
tshamekisa bana

ντουλάπα

raka ya go baya diaparo

## ρούχα

## seaparo

κάλτσες

dikausu

καλτσοδέτες

dikausu tsa basadi

καλσόν

dithaetse

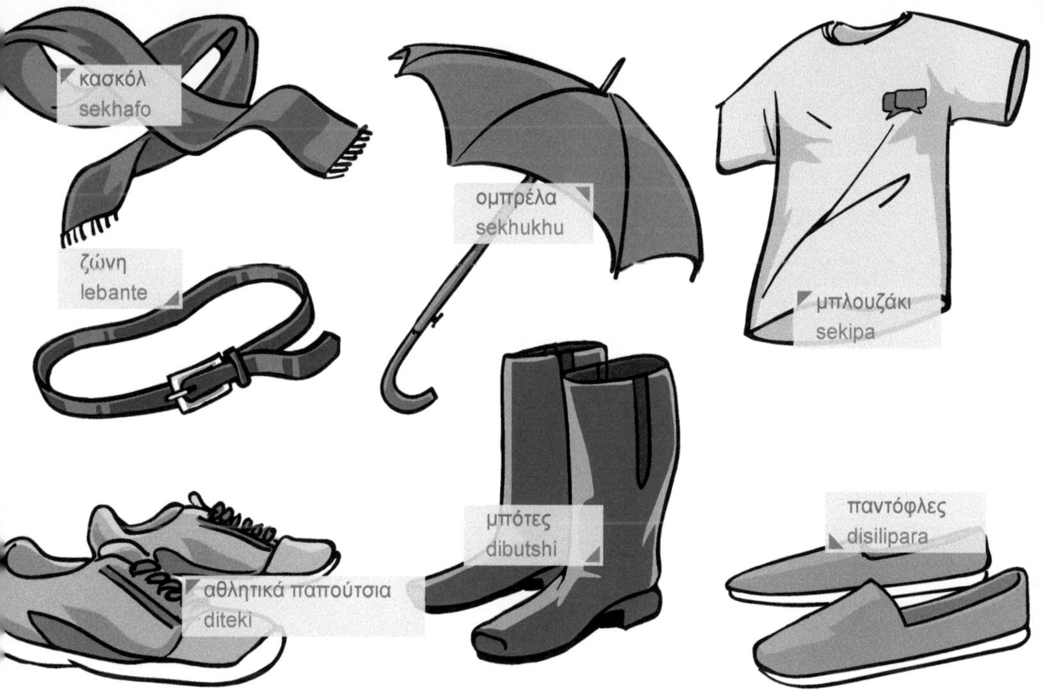

κασκόλ
sekhafo

ομπρέλα
sekhukhu

μπλουζάκι
sekipa

ζώνη
lebante

μπότες
dibutshi

παντόφλες
disilipara

αθλητικά παπούτσια
diteki

σανδάλια

dimphatšhane

παπούτσια

ditlhako

γαλότσες

dibutshi tsa rekere

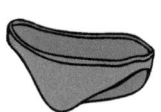

εσώρουχο

borukgwe jwa kwateng

σουτιέν

boraa

φανέλα

besete

σώμα

mmele

παντελόνι

borukgwe

τζιν παντελόνι

bokate

φούστα

sekete

μπλούζα

bolaose

πουκάμισο

hempe

πουλόβερ

jeresi e e senang matsogo

πουλόβερ

jakete e e enaleng hutshe

σακάκι

boleisara

μπουφάν

jakete

παλτό

jase

αδιάβροχο πανωφόρι

jase ya pula

κοστούμι

khosetjhumo

φόρεμα

mosese

νυφικό

mosese wa lenyalo

κοστούμι

sutu

νυχτικό

seaparo sa bosigo

πιτζάμες

diaparo tsa go robala

σάρι

sari

μαντήλι

sekhafa sa tlhogo

τουρμπάνι

turban

μπούρκα

burqa

καφτάνι

kaftan

μουσουλμανικό ένδυμα

abaya

ολόσωμο μαγιό

seaparo sa go thuma

ανδρικό μαγιό

diteranka

σορτς

borukgwe jo bo khutshwane

αθλητική φόρμα

terekesutu

ποδιά

seaparo sa go phephafatsa

γάντια

ditlelafo

κουμπί

talama

γυαλιά

diborele

βραχιόλι

sebaga

περιδέραιο

sebaga sa mo thamong

δαχτυλίδι

palamonwana

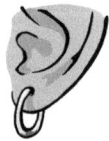

σκουλαρίκι

lengena

καπέλο

kepisi

κρεμάστρα

sepega baki

καπέλο

hutshe

γραβάτα

tae

φερμουάρ

zepe

κράνος

hutshe ya sethuthuthu

τιράντες

ditrata tsa meno

μαθητική στολή

diaparo tsa sekolo

στολή

diaparo tsa mmereko /
diaparo tsa sekolo

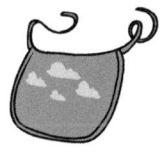

σαλιάρα

bebe

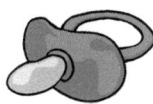

πιπίλα

tami

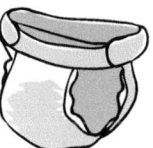

πάνα

mongato

# γραφείο
# kantoro

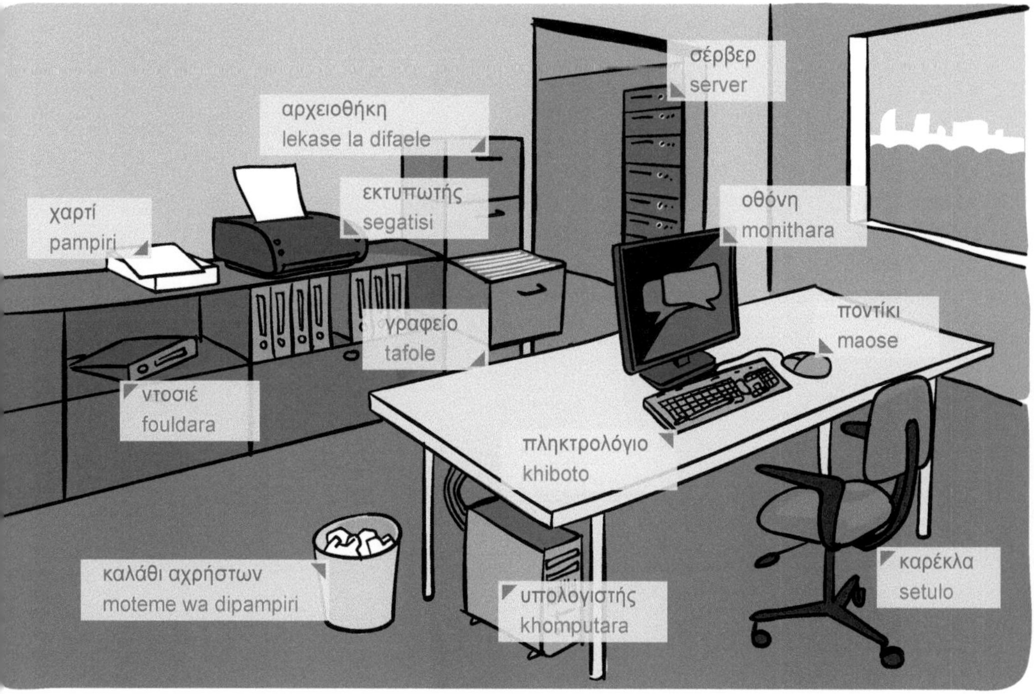
σέρβερ
server
αρχειοθήκη
lekase la difaele
χαρτί
pampiri
εκτυπωτής
segatisi
οθόνη
monithara
γραφείο
tafole
ποντίκι
maose
ντοσιέ
fouldara
πληκτρολόγιο
khiboto
καλάθι αχρήστων
moteme wa dipampiri
καρέκλα
setulo
υπολογιστής
khomputara

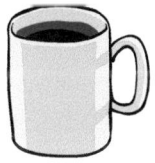

κούπα του καφέ

kopi

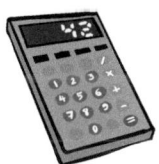

κομπιουτεράκι

khalkhuleitara

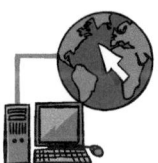

ίντερνετ

inthanete

λάπτοπ

lapothopo

γράμμα

lekwalo

μήνυμα

molaetsa

κινητό

mogala wa letheka

δίκτυο

kgolagano ya megala

φωτοτυπικό μηχάνημα

segatisa dipampiri

λογισμικό

software

τηλέφωνο

mogala

πρίζα

sokete ya polaka

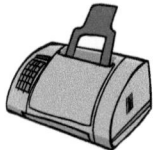

συσκευή φαξ

motšhini wa fekese

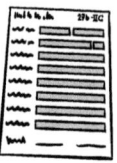

έντυπο

foromo

έγγραφο

setlankana

αγοράζω

reka

πληρώνω

patela

συναλλάσσομαι

rekisa

χρήματα

madi / tšhelete

δολάριο

dolara

ευρώ

euro

γιεν

yen

ρούβλι

roubele

ελβετικό φράγκο

swiss franc

ρενμίνμπι γιουάν

renminbi yuan

ρουπία

rupee

ATM (αυτόματη ταμειακή μηχανή)

lefelo la madi

ανταλλακτήρια
συναλλάγματος

kantoro ya go fetola madi

χρυσός

gauta

ασήμι

selefera

πετρέλαιο

oli

ενέργεια

maatla

τιμή

tlhwatlhwa

συμβόλαιο

konteraka

φόρος

lekgetho

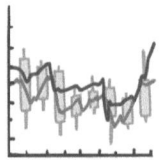

μετοχή

setoko

δουλεύω

dira

υπάλληλος

mothapiwa

εργοδότης

mothapi

εργοστάσιο

bodirelo

κατάστημα

lebenkele

αστυνόμος
lepodisi

πυροσβέστης
motimamolelo

μάγειρας
moapei

γιατρός
ngaka

πιλότος
mokgweetsi wa sefofane

κηπουρός

ratshingwana

ξυλουργός

mmetli wa dikgong

μοδίστρα

moroki

δικαστής

moatlhodi

χημικός

moitse wa melemo

ηθοποιός

modiragatsi

οδηγός λεωφορείου

mokgweetsi wa bese

ταξιτζής

mokgweetsi wa tekisi

ψαράς

motshwari wa ditlhapi

καθαρίστρια

Mme yo o phepafatsang

τεχνίτης στεγών

moruledi

σερβιτόρος

weitara

κυνηγός

motsumi

ζωγράφος

motaki

αρτοποιός

mmesi wa senkgwe

ηλεκτρολόγος

ramotlakase

οικοδόμος

moagi

μηχανολόγος

moenjenere

κρεοπώλης

mosegi wa nama

υδραυλικός

motsenyi wa diphaepe tsa
metsi

ταχυδρόμος

motsamaisa poso

στρατιώτης

leshole

αρχιτέκτονας

modiri wa dipolane

ταμίας

morekisi

ανθοπώλης

morekisi wa malomo

κομμωτής

mokgabisamoriri

ελεγκτής εισιτηρίων

kondactara

μηχανικός

mokheneke

καπετάνιος

mokapeteine

οδοντίατρος

ngaka ya meno

επιστήμονας

Rasaense

ραβίνος

moruti

ιμάμης

imam

μοναχός

moitlami

ιερέας

moruti

# εργαλεία

## didiriswa

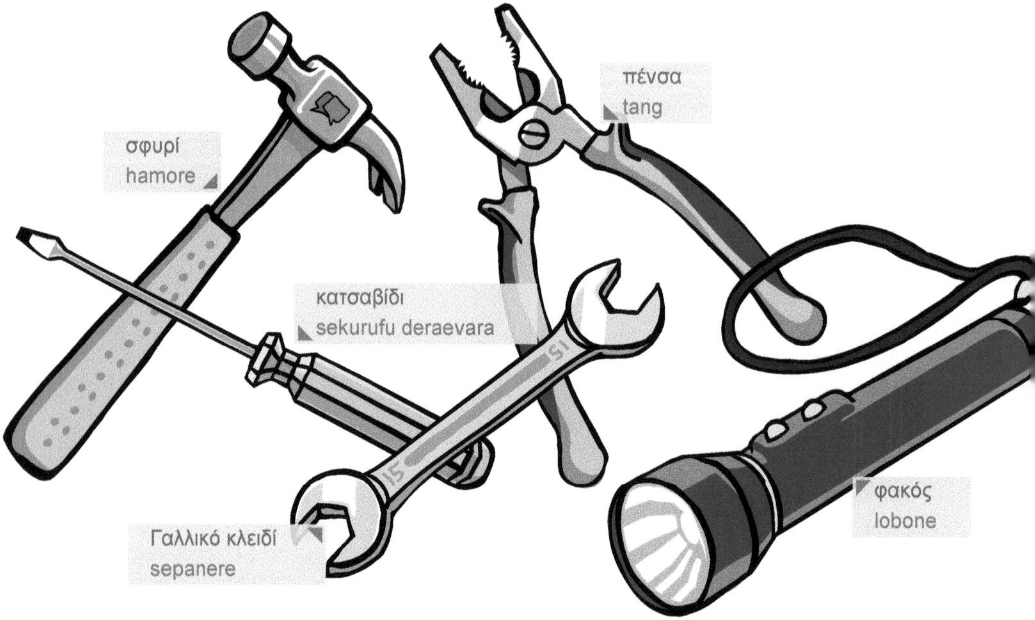

πένσα
tang
σφυρί
hamore
κατσαβίδι
sekurufu deraevara
Γαλλικό κλειδί
sepanere
φακός
lobone


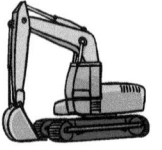

εκσκαφέας

moepi

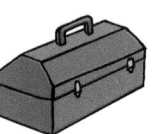

εργαλειοθήκη

bokoso ya didirisiwa

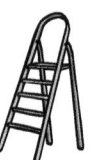

σκάλα

lere

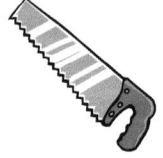

πριόνι

saga

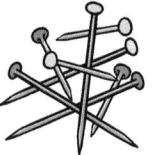

καρφιά

dipekere

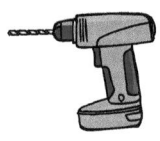

τρυπάνι

sebori

επισκευάζω

baakanya

φτυάρι

garawe

Να πάρει!

ijaa!

φαράσι

seolela matlakala

δοχείο χρωμάτων

pitsa ya pente

βίδες

sekurufu

## μουσικά όργανα
## didirisiwa tsa mmino

ντραμς
meropa

μεγάφωνο
sepikara se se goelang ko godim

κιθάρα
katara

κοντραμπάσο
base e e gabedi

τρομπέτα
terompeta

πιάνο

piano

βιολί

bayolini

μπάσο

base

τύμπανα

timpane

τύμπανο

meropa

πλήκτρα

khiboto

σαξόφωνο

sekesofone

φλάουτο

phala

μικρόφωνο

sebuela godimo

# ζωολογικός κήπος
## lefelo la go bonela diphologolo

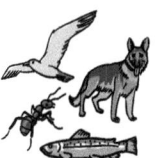

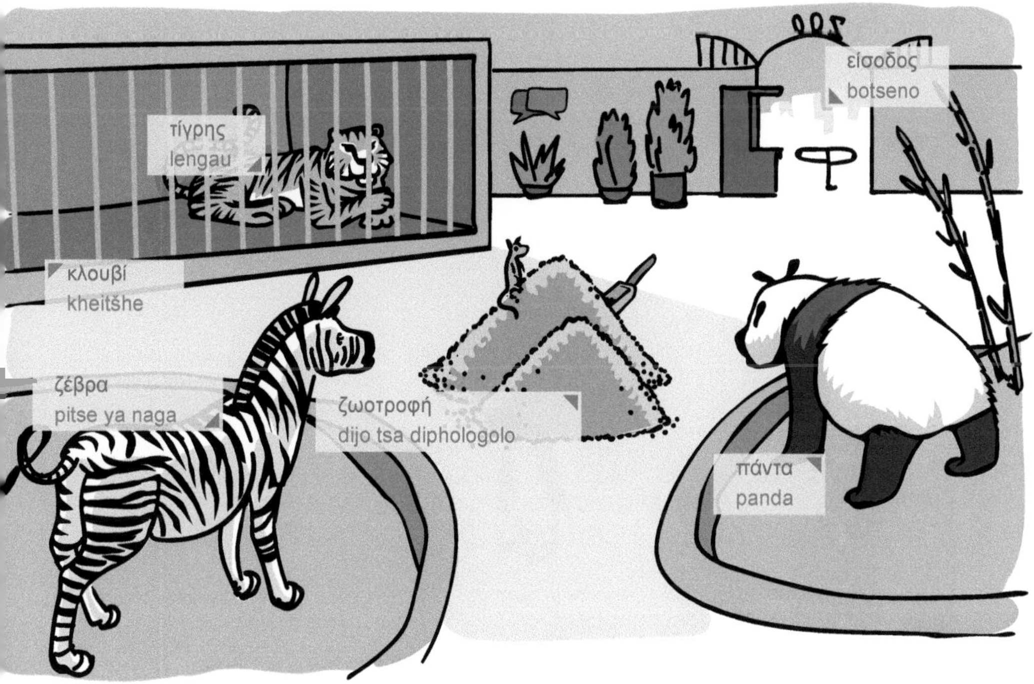

τίγρης
lengau
είσοδος
botseno
κλουβί
kheitšhe
ζέβρα
pitse ya naga
ζωοτροφή
dijo tsa diphologolo
πάντα
panda


ζώα
diphologolo

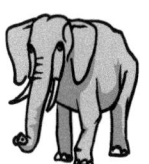

ελέφαντας
tlou

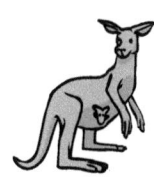

καγκουρό
dikhankaruu

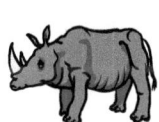

ρινόκερος
tshukudu

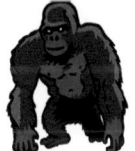

γορίλας
tshweni

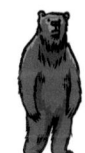

αρκούδα
bera

καμήλα

kamela

στρουθοκάμηλος

kalakune

λιοντάρι

tau

πίθηκος

tshwene

φλαμίνγκο

flamingo

παπαγάλος

papalagae

πολική αρκούδα

bera e e dulang ko lefelong
le le tsididi thata

πιγκουίνος

nonyane tsa lewatle

καρχαρίας

leruarua

παγώνι

phikoko

φίδι

noga

κροκόδειλος

kwena

φύλακας ζωολογικού κήπου

motlhokomedi wa
diphologolo

φώκια

sili

τζάγκουαρ

katse

πόνυ

petsana

λεοπάρδαλη

lengau

ιπποπόταμος

tshukudu

καμηλοπάρδαλη

thutlwa

αετός

ntsu

αγριογούρουνο

dikolobe tsa naga

ψάρι

tlhapi

χελώνα

khudu

θαλάσσιος ίππος

walrus

αλεπού

ntja ya naga

γαζέλα

tshephe

Αμερικάνικο ποδόσφαιρο
kgwele ya dinao ya Amerika

ποδηλασία
motshameko wa baesekele

αντισφαίριση
tenese

μπάσκετ
baseketebolo

κολύμβηση
thuma

πυγχαμία
motshameko wa go lwa ka diatla

χόκεϋ επί πάγου
hockey ya mo aeseng

ποδόσφαιρο
kgwele ya dinao

μπάντμιντον
badminthone

στίβος
atletiki

χάντμπολ
kgwele ya diatla

σκι
skiing

πόλο
polo

# δραστηριότητες
## didirwa

γελάω
tshega
πηδάω
tlola
αγκαλιάζω
tlamparela
περπατάω
tsamaya
τραγουδάω
opela
ονειρεύομαι
lora
προσεύχομαι
rapela
φιλάω
atla


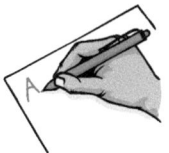

γράφω

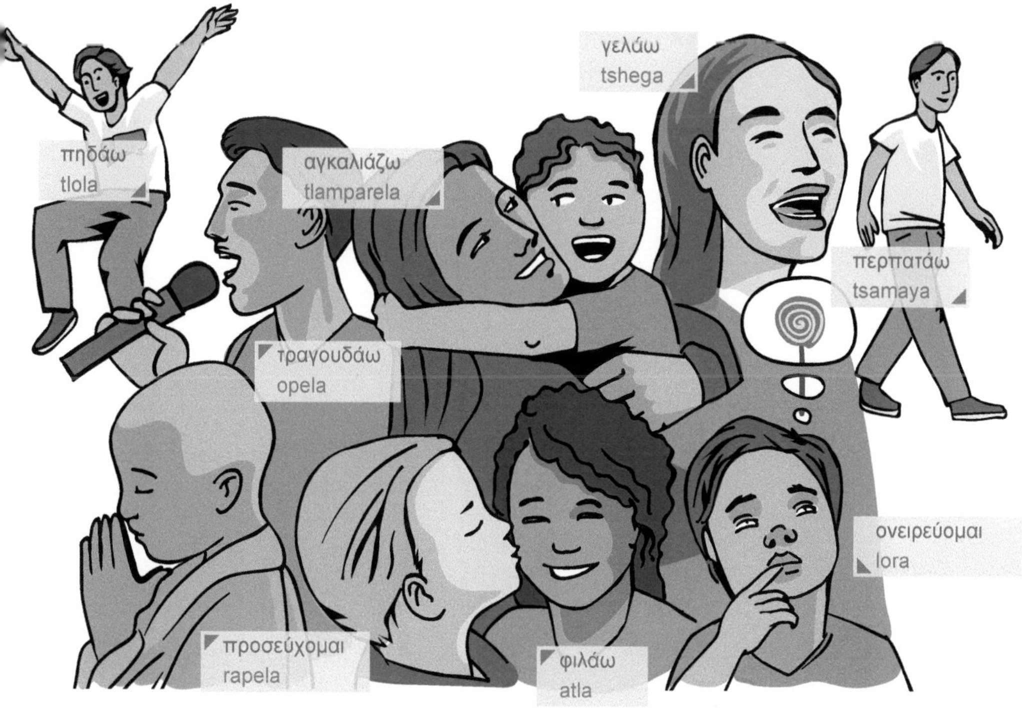

kwala

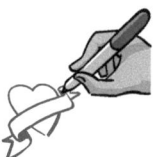

σχεδιάζω

torowa

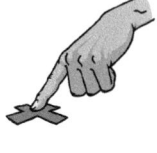

δείχνω

bontsha

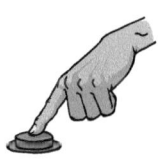

πιέζω

kgorometsa

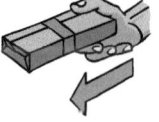

δίνω

naya

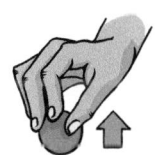

παίρνω

tsaya

έχω

go nna

κάνω

dira

είμαι

nna

στέκομαι

ema

τρέχω

taboga

τραβάω

goga

ρίχνω

latlha

πέφτω

wa

ξαπλώνω

maaka

περιμένω

ema

κουβαλώ

tsholetsa

κάθομαι

dula

φοράω

apara

κοιμάμαι

robala

ξυπνάω

tsoga

κοιτάω

leba

κλαίω

lela

χαϊδεύω

thuma ka lemorago

χτενίζω

kama

μιλάω

bua

καταλαβαίνω

tlhaloganya

ρωτάω

botsa

ακούω

reetsa

πίνω

nwa

τρώω

ja

συγυρίζω

phepafatsa

αγαπάω

lorato

μαγειρεύω

apaya

οδηγώ

kgweetsa

πετάω

fofa

κάνω ιστιοπλοΐα

seila

υπολογίζω

khalkhuleitara

διαβάζω

bala

μαθαίνω

ithute

δουλεύω

dira

παντρεύομαι

nyala

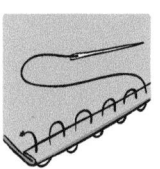

ράβω

roka

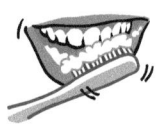

βουρτσίζω τα δόντια

tlhapa meno

σκοτώνω

bolaya

καπνίζω

tsuba

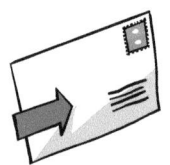

στέλνω

romela

# οικογένεια
## lelapa

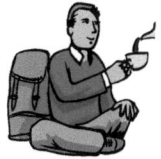

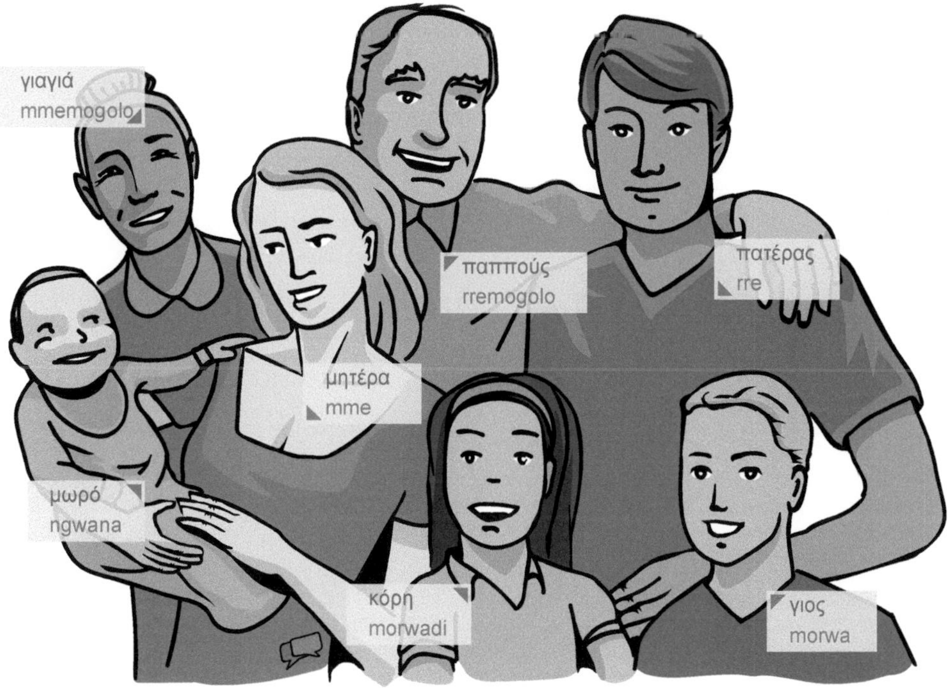
γιαγιά
mmemogolo
παππούς
rremogolo
πατέρας
rre
μητέρα
mme
μωρό
ngwana
κόρη
morwadi
γιος
morwa

καλεσμένος

moeng

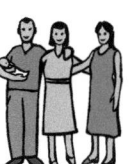

θεία

mmangwane

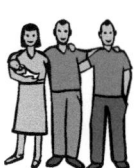

θείος

malome

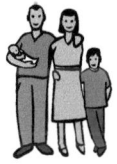

αδελφός

abuti

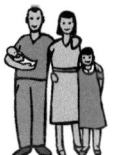

αδελφή

ausi

# σώμα

# mmele

μέτωπο
phatlha
μάτι
leitlho
ώμος
legetla
δάχτυλο
monwana
πρόσωπο
sefatlhego
πιγούνι
seledu
χέρι
seatla
πόδι
leoto
στήθος
letsele
βραχίονας
letsogo

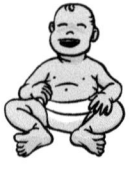

μωρό

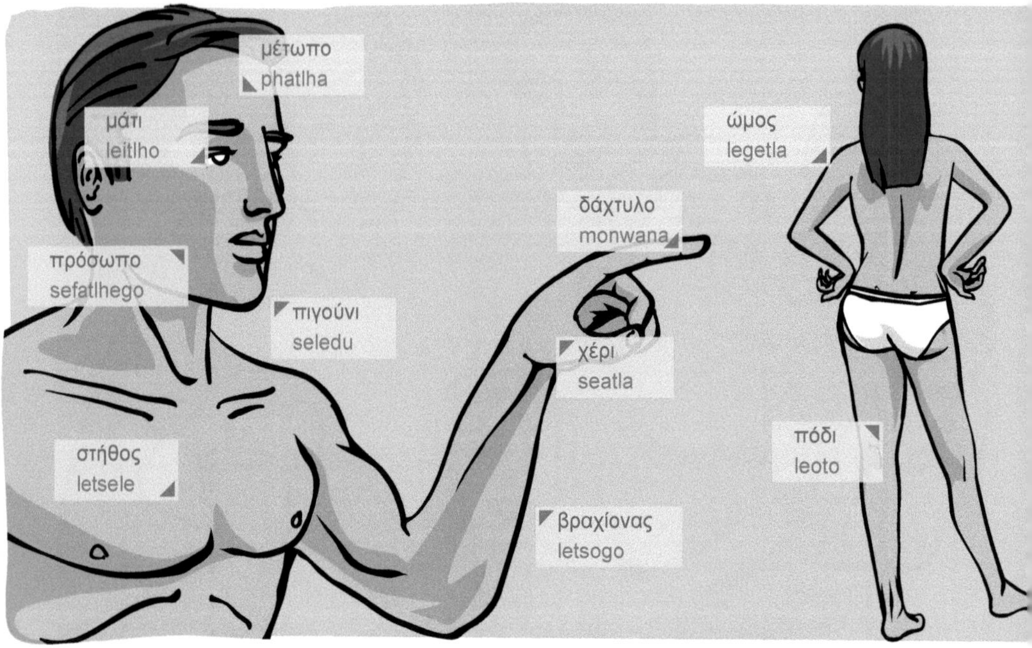

ngwana

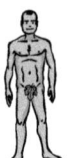

άνδρας

monna

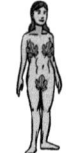

γυναίκα

mosadi

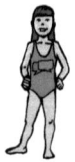

κορίτσι

mosetsana

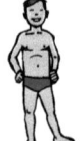

αγόρι

mosimane

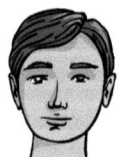

κεφάλι

tlhogo

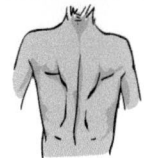

πλάτη

mokwatla

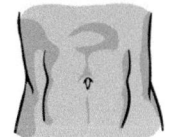

κοιλιά

mpa

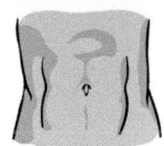

αφαλός

khubu

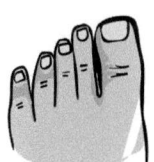

δάχτυλο ποδιού

monwana

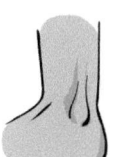

φτέρνα

serethe

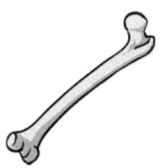

κόκκαλο

lerapo

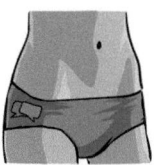

γοφός

letheka

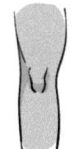

γόνατο

lengole

αγκώνας

sekgono

μύτη

nko

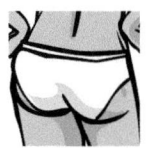

γλουτός

ko tlase

δέρμα

letlalo

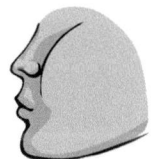

μάγουλο

lerama

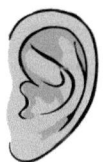

αυτί

tsebe

χείλος

pounama

σώμα - mmele

στόμα

molomo

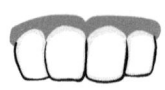

δόντι

leino

γλώσσα

loleme

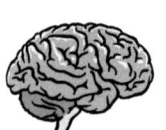

εγκέφαλος

boboko

καρδιά

pelo

μυς

maatla

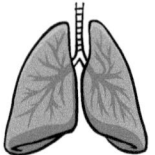

πνεύμονας

lekgwafo

συκώτι

sebete

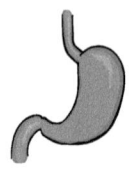

στομάχι

mala

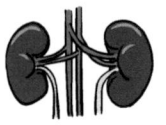

νεφρά

diphio

σεξουαλική επαφή

bong

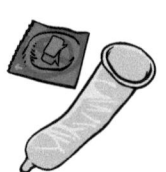

προφυλακτικό

mosomelwana

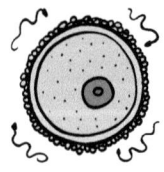

ωάριο

sebelegi sa ngwana

σπέρμα

semen

εγκυμοσύνη

moimana

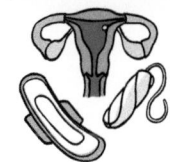

περίοδος
dinako tsa go tla ka kgwedi tsa basadi

γυναικείος κόλπος
serwe sa mosadi

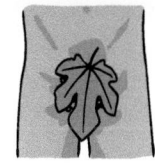

πέος
serwe sa monna

φρύδι
dintshi

μαλλιά
moriri

λαιμός
thamo

σώμα - mmele

# νοσοκομείο
# sepetlele

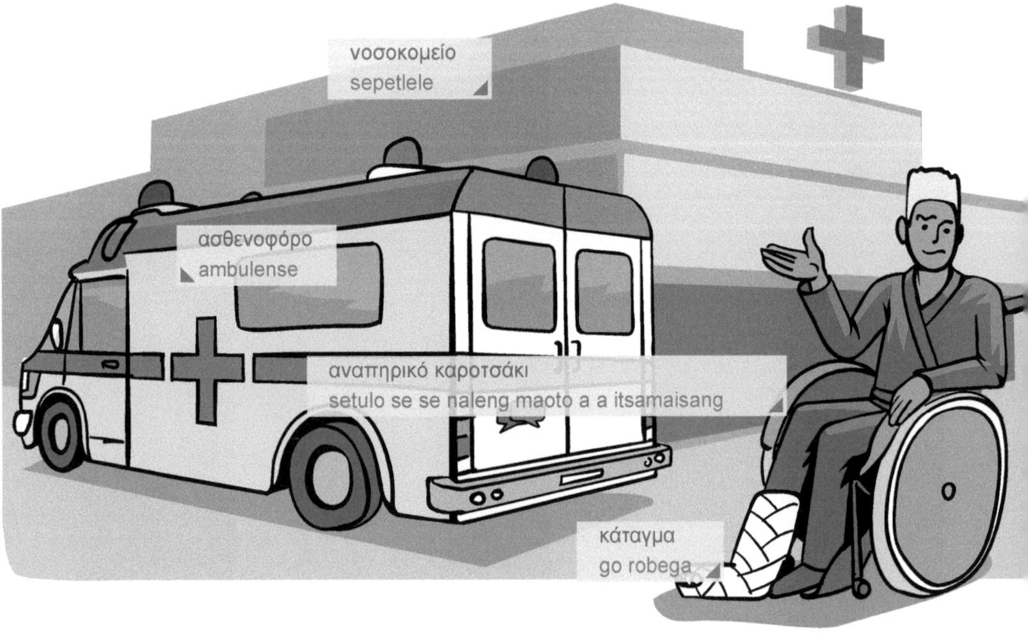

νοσοκομείο
sepetlele
ασθενοφόρο
ambulense
αναπηρικό καροτσάκι
setulo se se naleng maoto a a itsamaisang
κάταγμα
go robega

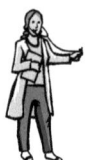

γιατρός

ngaka

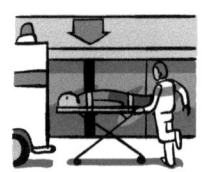

μονάδα εντατικής θεραπείας

phaphosi ya tshoganyetso

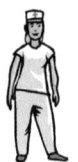

νοσοκόμα

mooki

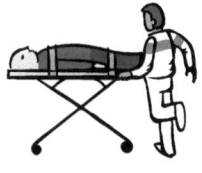

έκτακτη ανάγκη

tshoganyetso

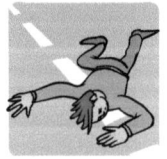

λιπόθυμος

idibala

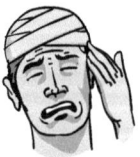

πόνος

setlhabi

τραύμα

kgobalo

αιμορραγία

go dutla madi

έμφραγμα

tlhaselo ya pelo

εγκεφαλικό

setorouko

αλλεργία

bolwetsi

βήχας

go gotlhola

πυρετός

fulu

γρίπη

fulu

διάρροια

letshololo

πονοκέφαλος

opiwa ke tlhogo

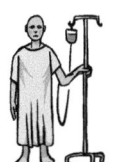

καρκίνος

kankere

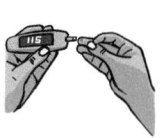

διαβήτης

sukiri ya mmele

χειρουργός

moari

νυστέρι

sekalepele

εγχείρηση

karo

αξονική τομογραφία

CT

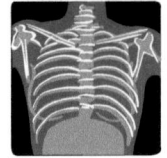

ακτινογραφία

x-ray

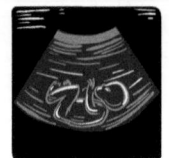

υπέρηχος

motšhini wa go leba mo mpeng

μάσκα

sesira sefatlhego

ασθένεια

twatsi

αίθουσα αναμονής

phaposi boletelo

πατερίτσα

dithobane

χάνσαπλαστ

polasetara

επίδεσμος

sefapho

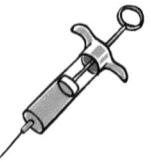

ένεση

lemao

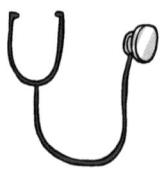

στηθοσκόπιο

setetosekoupu

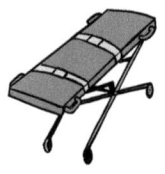

φορείο

seteretšhara

θερμόμετρο

themometara ya bongaka

γέννηση

pelegi

υπέρβαρο

bokima jwa mmele

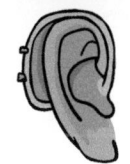

ακουστικό βαρηκοΐας

sedirisiwa sa go thusa go utlwa

αντισηπτικό

sesireletsa dintho

λοίμωξη

tshwaetso

ιός

moqare

HIV/AIDS

HIV / AIDS

φάρμακο

melemo

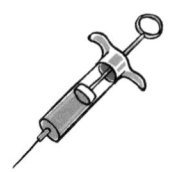

εμβολιασμός

mokento

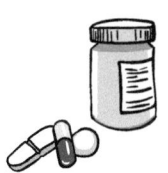

δισκία

thabolete

χάπι

pilisi

κλήση έκτακτης ανάγκης

mogala wa tshoganyetso

πιεσόμετρο αίματος

motšhini wa go ela tlhoko kgatelelo ya madi

άρρωστος / υγιής

lwala / itekanetse

| |  |  |
|---|---|---|
| Βοήθεια! | συναγερμός | βιαιοπραγία |
| Thusa! | alamo | tshotlako |

|  |  |  |
|---|---|---|
| επίθεση | κίνδυνος | έξοδος κινδύνου |
| tlhasela | kotsi | kgoro ya tshoganyetso |

| |  |  |
|---|---|---|
| Φωτιά! | πυροσβεστήρας | ατύχημα |
| Molelo! | setima moleleo | kotsi |

| 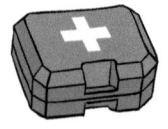 |  |  |
|---|---|---|
| κουτί πρώτων βοηθειών | SOS | αστυνομία |
| khiti ya go thusa ka dikgobalo | SOS | lepodisi |

Ευρώπη

Yuropa

Βόρεια Αμερική

Bokone jwa Amerika

Νότια Αμερική

Borwa jwa Amerika

Αφρική

Aforika

Ασία

Asia

Αυστραλία

Australia

Ατλαντικός Ωκεανός

Atlantic

Ειρηνικός Ωκεανός

Pacific

Ινδικός Ωκεανός

Lewatle la India

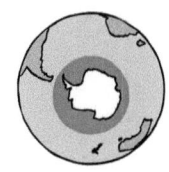

Ανταρκτικός Ωκεανός

Lewatle la Antarctic

Αρκτικός Ωκεανός

Lewatle la Arctic

Βόρειος Πόλος

Bokone

Νότιος Πόλος

Borwa

Ανταρκτική

Antartica

Γη

Lefatshe

γη

lefatshe

θάλασσα

lewatle

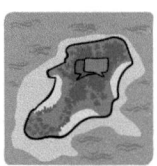

νησί

Iosi lwa lewatle

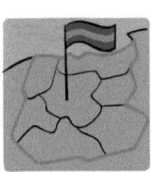

έθνος

Iotso

πολιτεία

boemo

καντράν ρολογιού

lentle la tshupanako

ωροδείκτης

letsogo la ura

λεπτοδείκτης

letsogo la metsotso

δείκτης δευτερολέπτων

letsogo la metsotswana

Τι ώρα είναι;

ke nako mang?

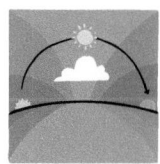

ημέρα

letsatsi

χρόνος

nako

τώρα

go ne jaanong

ψηφιακό ρολόι

tshupanako ya dijithale

λεπτό

metsotso

ώρα

ura

# εβδομάδα
## beke

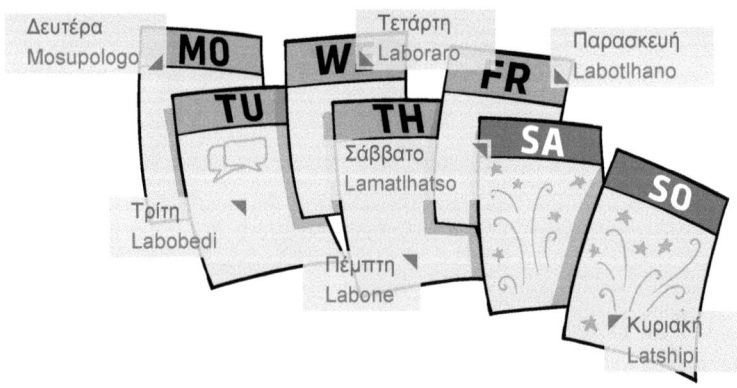

Δευτέρα
Mosupologo

Τρίτη
Labobedi

Τετάρτη
Laboraro

Σάββατο
Lamatlhatso

Πέμπτη
Labone

Παρασκευή
Labotlhano

Κυριακή
Latshipi

χθες

maabane

σήμερα

gompieno

αύριο

kamoso

πρωί

moso

μεσημέρι

thapama

βράδυ

maitseboa

MO TU WE TH FR SA SU

εργάσιμες ημέρες

malatsi a tiro

MO TU WE TH FR SA SU

Σαββατοκύριακο

mafelo a beke

# έτος
## ngwaga

βροχή
pula
ουράνιο τόξο
motshe wa badimo
χιόνι
letlhwa
άνεμος
phefo
άνοιξη
dikgakologo
φθινόπωρο
letlhafula
καλοκαίρι
selemo
χειμώνας
mariga

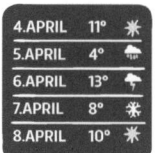

4.APRIL 11°
5.APRIL 4°
6.APRIL 13°
7.APRIL 8°
8.APRIL 10°

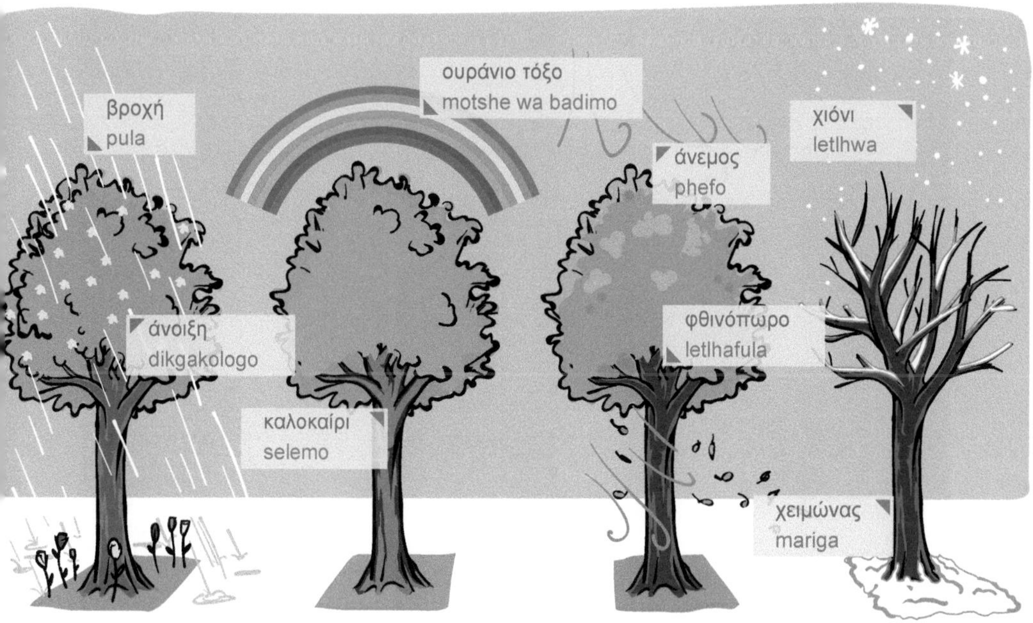

πρόγνωση καιρού

botsogo jwa loapi

F
C
120
90
60
30
0
-30
40
30
20
10
0
-10
-20

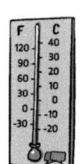

θερμόμετρο

themomithara

λιακάδα

letsatsi

σύννεφο

leru

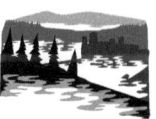

ομίχλη

mouwane

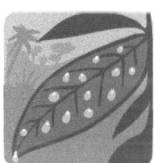

υγρασία

humidity

αστραπή

legadima

κεραυνός

modumo wa maru

καταιγίδα

matsubutsubu

χαλάζι

sefako

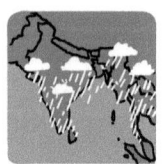

μουσώνας

monsoon

πλημμύρα

morwalela

πάγος

aese

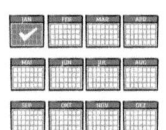

Ιανουάριος

Ferikgong

Φεβρουάριος

Tlhakole

Μάρτιος

Mopitlwe

Απρίλιος

Moranang

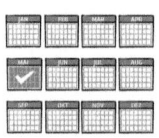

Μάιος

Motsheganong

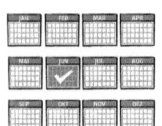

Ιούνιος

Seetebosigo

Ιούλιος

Phukwi

Αύγουστος

Phatwe

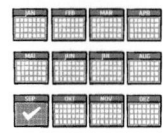

Σεπτέμβριος

Lwetse

Οκτώβριος

Diphalane

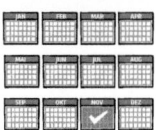

Νοέμβριος

Ngwanaatsele

Δεκέμβριος

Sedimonthole

## σχήματα
## dipopego

κύκλος

kgolokwe

τετράγωνο

khutlonne

ορθογώνιο παραλληλόγραμμο
khutlonnetsepa

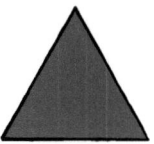

τρίγωνο

khutlotharo

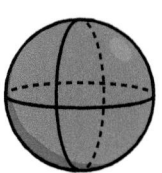

σφαίρα

khutlo

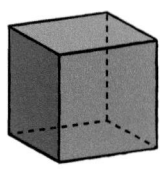

κύβος

khiubu

άσπρο

tshweu

κίτρινο

serolwana

πορτοκαλί

mmala wa namune

ροζ

pinki

κόκκινο

khibidu

μωβ

bohibidu jo bo mokgona

μπλε

pududu

πράσινο

tala

καφέ

tshetlha

γκρι

tshetlha

μαύρο

ntsho

πολύ / λίγο

go le gontsi / go nnye

θυμωμένος / ήρεμος

go kwata / go ritibala

όμορφος / άσχημος

montle / maswe

αρχή / τέλος

tshimologo / bofelo

μεγάλος / μικρός

tonna / nnyane

φωτεινός / σκοτεινός

lesedi / lefifi

αδελφός / αδελφή

abuti / ausi

καθαρός / λερωμένος

phepa / leswe

πλήρης / ατελής

feletse / go sa felela

ημέρα / νύχτα

motshegare / bosigo

νεκρός / ζωντανός

o sule / o a tshela

φαρδύς / στενός

bophara / tshesane

βρώσιμος / μη βρώσιμος

ya jega / ga e jege

κακός / ευγενικός

bosula / molemo

ενθουσιασμένος / βαριεστημένος

go itumela thata / go se itumele

παχύς / λεπτός

nonne / tshesane

πρώτος / τελευταίος

ntlha / bofelo

φίλος / εχθρός

tsala / sera

γεμάτος / άδειος

tletse / lolea

σκληρός / μαλακός

thata / bonolo

βαρύς / ελαφρύς

bokete / motlhofo

πείνα / δίψα

tlala / lenyora

άρρωστος / υγιής

lwala / itekanetse

παράνομος / νόμιμος

dumelesega / dumeletswe

έξυπνος / χαζός

botlhale / sematla

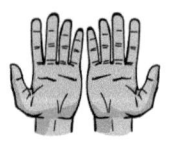

αριστερός / δεξιός

molema / moja

κοντινός / μακρινός

gaufi / kgakala

καινούριος /
μεταχειρισμένος
sesha / ya kgale

τίποτα / κάτι
sepe / sengwe

γέρος | νέος
mogolo / mosha

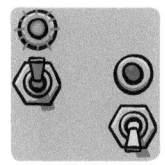

αναμμένος / σβηστός
tsenya / tima

ανοιχτός / κλειστός
bula / tswetswe

χαμηλόφωνος /
μεγαλόφωνος
tidimalo / modumo

πλούσιος / φτωχός
khumo / lehuma

σωστός / λανθασμένος
siame / phoso

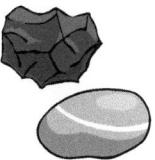

τραχύς / λείος
ditlhotlhori / borethe

λυπημένος / χαρούμενος
hutsafetse / itumetse

κοντός / μακρύς
khutshwane / telele

αργός / γρήγορος
bonya / bonako

υγρός / στεγνός
metsi / omile

ζεστός / δροσερός
mololo / tsididi

πόλεμος / ειρήνη
ntwa / kagiso

**0**

μηδέν

lefela

**1**

ένα

nngwe

**2**

δύο

pedi

**3**

τρία

tharo

**4**

τέσσερα

nne

**5**

πέντε

tlhano

**6**

έξι

thataro

**7**

εφτά

supa

**8**

οκτώ

robedi

**9**

εννιά

robonngwe

**10**

δέκα

lesome

**11**

έντεκα

some nngwe

**12**

δώδεκα

some pedi

**13**

δεκατρία

some tharo

**14**

δεκατέσσερα

some nne

**15**

δεκαπέντε

some tlhano

**16**

δεκαέξι

some thataro

**17**

δεκαεφτά

some supa

**18**

δεκαοκτώ

some robedi

**19**

δεκαεννέα

some robonngwe

**20**

είκοσι

masomamabedi

**100**

εκατό

lekgolo

**1.000**

χίλια

sekete

**1.000.000**

εκατομμύριο

milione

αριθμοί - dipalo

Αγγλικά

Sejatlhapi

Αμερικάνικα Αγγλικά

Sejatlhapi sa Amerika

Μανδαρίνικα Κινέζικα

se-China

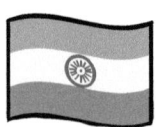

Χίντι

se-Hindi

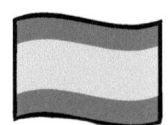

Ισπανικά

se-Spanish

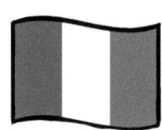

Γαλλικά

se-For a

Αραβικά

se-Araba

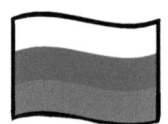

Ρώσικα

se-Russia

Πορτογαλικά

se-Potokisi

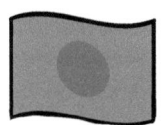

Μπενγκάλι

se-Bengali

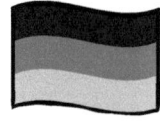

Γερμανικά

se-Jeremane

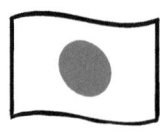

Ιαπωνικά

se-Japane

εγώ

Nna

εσύ

wena

αυτός / αυτή / αυτό

ene / ene / sone

εμείς

re

εσείς

wena

αυτοί / αυτές / αυτά

bone

ποιος / ποια / ποιο;

mang?

τι;

eng?

πώς;

jang?

πού;

kae?

πότε;

leng?

όνομα

leina

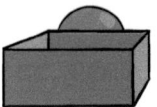

πίσω

mo morago

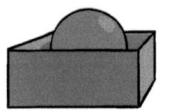

μέσα

mo

μπροστά

fa pele ga

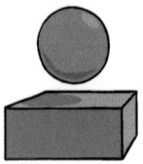

πάνω από

godimo

πάνω

mo

κάτω

fa tlase

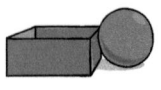

δίπλα

mo thoko

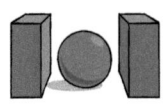

ανάμεσα

magareng

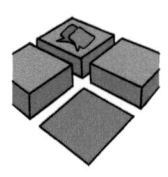

μέρος

lefelo